기적이 일상이 되는 기도

임계점 3시간
기도의 법칙

| 박종기 지음 |

쿰란출판사

임계점 3시간
기도의 법칙

독자들에게

　오늘날 한국교회는 기도의 법칙을 깨달은 기도의 사람을 절실히 필요로 합니다. 여기서 기도에 '법칙'이라는 말을 붙인 것은 기도가 불변하는 진리성을 포함하고 있다는 의미입니다. 실로 이 시대는 기도의 법칙을 통해 매일의 삶에서 은혜의 보좌로부터 공급되는 능력을 얻는 기도의 사람이 필요합니다.

　책 제목에서 '임계점'(臨界點)이라는 말은 물질이 고체에서 액체 또는 기체로 변화하는 상변화(相變化)를 의미합니다. 예를 들어 물은 100도가 되면 맹렬히 끓어오릅니다. 또 0도가 되면 얼기 시작합니다. 100도와 0도는 물이라는 액체를 기체와 고체로 만들어버리는 온도입니다. 물론 99도가 되어도 물은 끓어오르지만 아직까지는 액체 상태입니다. 그러나 100도의 순간에 다다르면 바로 형태가 변합니다.

　이것을 기도에 적용하면, 기도 중 일정 시간의 한계점을 넘으면 다다르게 되는 임계점이 기도에도 존재한다는 것입니다. 이

기도의 임계점이 대략 시간적으로 3시간이며, 이때부터 기도는 그 형태가 완전히 변하여 노동이 아니라 축제가 되는 것입니다.

그러나 기독교 역사상 이 임계점 기도의 비밀을 알고 실천한 사람은 많지 않습니다. 무엇 때문에 이러한 능력 있는 기도 방법이 있음에도 실제로 이를 깨닫고 실행한 사람의 숫자가 적은 것일까요? "기도하는 자만이 기도를 배울 수 있다"라는 말에서 그 답을 찾을 수 있습니다.

이 책의 목표는 기도의 실천에 있습니다. 성도들이 기도에서 경험하는 현실적인 문제들을 돌파해 지속적으로 기도를 실행할 수 있도록 하기 위한 것입니다. 이 책을 통해 독자들은 지난날의 모든 실패와 무기력, 결핍, 열매 없음을 돌파하는 신비를 경험하게 될 것입니다. 그리고 이 모든 것은 독자 스스로가 기도하기를 결단할 때 비로소 가능해질 것입니다.

감사의 글

첫 책인 『임계점 3시간 기도의 법칙』이 출간되기까지 여러모로 도움을 주신 많은 분이 스쳐지나갑니다.

수년 전, 갓 개척한 교회에 오셔서 부흥회를 직접 인도해주시고 또 자신의 음향장비까지 흔쾌히 헌물하시며 기도에 대한 강한 도전을 주신 주영광교회 김화영 목사님께 먼저 진심 어린 감사의 말씀을 드립니다. 소망의 말씀과 영적인 도전으로 기도의 돌파를 도와주신 아프리카 우간다의 차고라니 윌리엄 목사님께 감사드립니다. 제 신학의 부족함을 말씀과 식지 않는 열정으로 지원해주신 기독교학술원의 김영한 원장님의 도움도 제게 큰 힘이 되었습니다. 또 서평으로 격려해주신 최성대 목사님, 오늘까지 목회의 자리에서 든든히 섬길 수 있도록 부교역자 시절 사랑으로 지도해주신 서울명륜교회 이상철 목사님께도 감사를 드립니다.

부족한 글이 책이 되어 나오기까지 교정·교열로 원고를 다듬어 주시고 책을 보기 좋게 편집하느라 숱한 시간을 피로와 싸웠을 쿰란출판사의 직원분들과 출판 과정에서 인내와 어른다움으로 섬겨 주신 이형규 사장님께 깊은 감사의 마음을 전합니다.
 바쁜 사업 중에도 성심을 다해 책의 캘리그래피를 써주신 손맛글씨의 노성익 작가님과 멀리 제주에서 멋진 일러스트를 그려 보내주신 서혜경 작가님에게도 심심한 감사의 마음을 보냅니다.

 원고를 쓰는 내내 집필에만 집중하도록 아낌없이 배려해준 사랑하는 아내와 아이들에게 미안한 마음과 함께 고맙다는 말을 꼭 전하고 싶습니다. 마지막으로 이 책이 나오기까지 한결같이 새벽 임계점 기도로 중보해주신 사랑하는 장모님 김분순 권사님께 감사드리며, 이 모든 일의 처음과 끝이 되신 하나님께 영광을 돌립니다.

2023년 겨울
박 종 기

추천의 글

이재훈 목사
온누리교회 담임

　박종기 목사님의 『임계점 3시간 기도의 법칙』이 출간된 것은 참으로 기쁜 일이 아닐 수 없으며 한국교회에 허락하신 주님의 선물입니다.
　교회에는 역동성과 복음에 대한 열심이 다시 회복되고, 사회 전반에는 새로운 개혁이 필요한 이때에 하나님의 사람들이 드리는 간구와 경건의 삶이 다시 일어나야 합니다.
　예수님의 겟세마네 기도와 같은 임계점 기도를 스스로 체험하고 돌파한 역사를 전해주는 이 책에 대한 기대가 있습니다.
　기도와 목회에 대한 목마름으로 물을 찾아 헤매는 사슴처럼 해갈을 원하는 모든 분에게 큰 도움이 되리라 믿습니다.
　이 책이 기도의 임계점을 수련하는 귀한 통로가 되길 바라며 기쁜 마음으로 이 책을 추천합니다.

김영한 박사

독일 하이델베르크대학(Dr. phil & Dr. theol)
숭실대학교 기독교학대학원 설립원장(명예교수), 기독교학술원장

　사랑하는 박종기 목사님의 귀한 책 『임계점 3시간 기도의 법칙』의 출간을 축하드리며, 그동안 기도의 헌신과 산고(産苦)의 시간들이 보상되었으면 하는 마음으로 이 책을 추천합니다.
　기독교학술원의 수사생도로 수업에서 보이는 성실과 열정을 지켜보노라면 후진을 양성하는 신학자로서 보람과 기대를 갖게 합니다. 신구약에 나타난 기도의 영성과 사막 교부들이 걸어간 영성의 전통을 잇는 '임계점 기도'라는 창의적이면서 성경적인 깊은 영성의 수련으로 안내하는 이 책이 이제라도 한국교회에 나오게 된 것을 감사드리며, 계속된 영성수련으로 더욱 깊은 영성의 로드맵이 소개되기를 기대합니다. 실천신학의 현장에서 기도와 목회의 두 기둥을 튼튼히 세워나가는 개척자 박종기 목사님께 격려와 축하를 드립니다.
　개척교회의 성공이 참으로 힘든 현실에서 모든 어려움을 기도

로 이겨내며 오늘날까지 이른 것은 전적인 주님의 은혜이며 주님의 몸 된 교회를 세우려는 헌신의 결과입니다. 또한 기도 세미나와 부흥회로 사역의 열매를 맺으며 한국교회 차세대 목회자의 모범을 보여주는 귀한 사례라 여겨집니다. 이 책을 접하는 독자마다 큰 영적 도전과 유익을 얻게 될 것을 확신하며 모든 목회자와 성도들에게 진심으로 추천하는 바입니다.

이상철 목사
前 순복음총회신학교 총장, 서울명륜교회 담임

저는 수년간 박종기 목사님이 진실하게 사역을 감당하는 모습을 보며 하나님의 은혜와 성령이 역사하시는 교회를 세우리라 믿어 의심치 않았습니다. 이제 그 믿음에 부응하듯 하나님이 기뻐하시는 교회를 오직 무릎으로 세워나가며 부흥시킨 목회자가 되었습니다. 찬양의 은사와 건강한 영성으로 섬겼던 지난 사역들을 돌아보면 굽이굽이 충성된 섬김이었다고 생각됩니다. 성도들의 사랑과 추억 속에 아름다운 간증이 많음을 보면서 주님께서 많은 성도를 맡겨주시리라 믿습니다.

박종기 목사님은 새벽에 도와주시는 하나님을 믿는 믿음이 남다릅니다. 그래서 누구보다도 새벽을 깨우며 부르짖는 기도의 사람입니다. 이번에 출간된 『임계점 3시간 기도의 법칙』에 새벽기도의 은혜와 노하우들이 소개되는 것을 보며 하나님은 심은 대로 거두게 하시는 분임을 확신하게 됩니다.

이 책을 통해 평신도와 신학생, 목회자에 이르기까지 큰 감동과 기도에 대한 강한 도전을 얻게 되리라 믿습니다. 그런 면에서 기도의 동기를 부여함에 탁월함이 돋보이는 책이고 많은 사람이 찾고 있는 기도의 정석이 될 것입니다. 하나님과의 긴밀한 관계로 인도하는 이 귀한 책이 더 많은 독자를 만나게 되기를 바라며 기쁜 마음으로 추천하는 바입니다.

서문

기도의 횃불을 높이 들라!

1517년 10월 31일, 독일의 마르틴 루터는 비텐베르크의 만성교회(Church of All Saints) 정문에 당시 로마 가톨릭의 부패와 타락을 비판하는 95개 조의 반박문을 내걸었습니다. 이는 타락한 중세 가톨릭교회를 향한 개혁의 불길로 거침없이 타올라 전 유럽을 덮는 변혁을 이끌었고, 결국에는 개신교라는 진리 수호의 길을 열어 놓았습니다.

그러나 안타깝게도 그로부터 500여 년이 지난 지금의 개신교는 역으로 세상의 개혁 대상이 되고 말았습니다.

그 옛날 구약의 선지자 엘리야는 그 시대의 영적 어둠을 밝히는 횃불과 같았던, 위대한 선지자였습니다. 그러나 그런 그도 영적 소진과 무기력에 빠져 로뎀나무 아래 앉아 절규합니다.

"여호와여 넉넉하오니 지금 내 생명을 거두시옵소서"

왕상 19:4

이제 더는 그에게 불같았던 믿음도, 패기도, 열심도 보이지 않습니다. 그런 엘리야를 향해 하나님은 집요한 사랑과 식지 않는 열정으로 다가오십니다. 그리고 현재의 고통이나 미래의 불확실함에 대한 두려움이 그를 지배할 수 없도록 다시 회복시키십니다.

강한 바람과 지진, 불이 휩쓸고 지나간 후 세미한 소리로 찾아오신 여호와 하나님은 엘리야를 다시 일으키십니다.

"또 지진 후에 불이 있으나 불 가운데에도 여호와께서 계시지 아니하더니 불 후에 세미한 소리가 있는지라" 왕상 19:12

이제 한국교회도 은혜의 보좌 앞으로 나아가 세미한 음성을 듣는 기도가 회복되어야 합니다. 불같이 부르짖는 기도로 하나님 앞에 나아가 그 음성에 귀 기울여야 할 때입니다.

기도라고 하면 나름대로 방법들이 있고 열심히들 하지만 분명한 것은 기도는 현재 진행형이라는 사실입니다. 과거에 어떠했든 지금의 기도 모습이 현재의 자기 신앙인 것입니다. 그래서 기도를 하면 할수록 겸손해지는 것이 진짜 기도의 영성이라고 할 수 있습니다.

· 과거 한국교회는 기도와 성령역사의 금자탑을 쌓았습니다.

불같은 시험이 많았지만 한국교회는 기도의 힘으로 모두 돌파해 나갔습니다. 당시 한국교회 성도들은 둘째가라면 서러워할 정도로 기도의 대가들이었습니다. 그분들이 어려운 고비들을 잘 이겨낼 수 있었던 것은 바로 기도의 힘 덕분이었습니다.

그러나 기도의 세대들이 하나둘 이 세상을 떠나면서 기도의 영적 승계가 이루어지지 않고 있습니다. 기도를 가르치고 실제로 기도하는 교회는 능력 있게 세워지고 있음에도 그저 기도가 어렵다고만 생각합니다. 그러다 보니 기도보다는 누구나 쉽게 접근할 수 있는 성경공부나 양육, 전도 세미나 등에 사람들이 더 몰리고, 기도에 관한 가르침에는 별로 관심이 없습니다.

세상을 이기는 성도를 세워야 하는 교회에서 기도 외의 것들이 더 중요한 위치를 차지하고 있습니다. 그러나 기도가 성도의 인격이 되지 않고서는 사람을 변화시킬 수도, 세상을 이길 수도 없습니다.

• **기도가 가동될 때 교회는 세상의 흐름을 바꿀 수 있습니다.**
과거 불같이 일어났던 한국교회의 부흥이 기도에 헌신된 목회자와 성도들에 의한 것임이 분명하다면, 오늘날의 교회 역시 다른 모든 프로그램 이전에 기도라는 마스터키(master key)를 다시금 붙잡아야 합니다.

16세기 종교개혁의 횃불을 높이 든 루터는 당면한 숱한 문제와 죽음의 두려움에서도 하루 3시간의 기도를 매일 지속한 이유를 이렇게 고백합니다.

"만일 내가 새벽 3시간의 기도에 실패한다면 그날의 승리는 마귀에게 돌아간다."

이는 루터가 얻었던 승리의 원동력을 잘 설명하고 있습니다. 긴 시간 기도로 나아가면 분명해지는 것이 '예수 신앙'입니다. 은혜의 보좌는 예수님의 보혈의 공로가 아니면 다다를 수 없기 때문입니다. 이것이 '오직 예수', '오직 복음'을 외쳤던 루터의 진짜 신앙이었습니다.

지금 한국교회가 겪고 있는 어려움을 돌파할 수 있는 방법은 기도밖에 없습니다. 곧 죽을 것 같은 개인의 인생이 막장에서 터널로 바뀌는 반전의 역사도 기도할 때 일어납니다. 이 모든 상황을 기도로 이겨내지 않으면, 세상에서 정신줄 놓고 살다 결국 그곳이 무덤이 되고 맙니다.

기독교 이천 년 역사에서 지금처럼 반기독교 세력이 교회를 무너뜨리려 한 적은 없었습니다. 어두움의 세력이 성도와 교회의 정신을 타락시켜 하나님의 공의와 정의의 모든 창조질서를 파괴함으로써 복음의 본질을 흐리려 안간힘을 쓰고 있습니다.

쓰나미처럼 몰려오는 거대한 어두움의 영적 세력을 우리 힘으로는 결코 이길 수 없습니다. 그렇다고 한 달란트를 받고 아무것도 하지 않았던 악한 종(마 25:25-26)처럼 되어서는 안 됩니다. 감사하게도 우리에겐 기도라는 무기가 있습니다. 500여 년 전 일개 수도사가 거대한 어두움의 세력과 싸워 이길 수 있었던 영적 힘도 자신의 한계를 뛰어넘는 기도에 있었습니다.

이제 한국교회는 1907년 평양 장대현교회에서 시작된 전도에 대한 뜨거운 열정과 1970년대 이후에 일어났던 기도에 대한 깊은 고민이 불길처럼 번져야 합니다. 그런 일에 작은 불씨가 되기를 소망하는 마음으로 『임계점 3시간 기도의 법칙』을 한국교회에 소개합니다. 사랑하는 한국교회와 온 성도가 이 기도에 참여함으로 다시금 이 땅에 놀라운 하나님의 부흥의 역사가 재현되기를 간절히 기도합니다.

우리 주 예수 그리스도를 변함없이 사랑하는 우리네

박종기 목사

프롤로그

기둥 이야기

"이기는 자는 내 하나님 성전에 기둥이 되게 하리니" 계 3:12

이기는 기도   1시간 기도하면 자기를 이기고
지키는 교회   2시간 기도하면 사탄 마귀로부터 교회를 지키고
역동적인 사역 3시간 기도하면 기적이 일상이 됩니다.

솔로몬은 아버지 다윗에 이어 이스라엘의 왕으로 즉위한 지 4년째 되던 해에 성전 건축을 시작했습니다. 그리고 여호와 하나님의 지시대로 7년 만에 성전 건축을 완공하며 성전 앞에 두 기둥을 세운 뒤 오른쪽 기둥은 '야긴'(그가 세우신다), 왼쪽 기둥은 '보아스'(능력이 있다)라고 이름을 붙였습니다. 이는 성전을 드나드는 이스라엘 백성들이 '하나님이 세우셨기에 그가 지키시고 견고하게 하신다'라는 믿음의 고백을 드리도록 하기 위함이었습니다.

솔로몬 성전

"여호와께서 집을 세우지 아니하시면 세우는 자의 수고가 헛되며" 시 127:1

기둥은 본래 건축물을 떠받치는 아주 중요한 역할을 합니다. 그래서 기둥이 부실하고 약하면 건물이 곧 무너집니다. 즉 야긴과 보아스 없이는 성전을 세울 수 없기에 그 성전을 볼 때마다 여호와 하나님께서 "나는 능력이니 나를 의지하라. 야긴과 보아스의 믿음을 가지라"고 말씀하시는 것입니다. 또한 성전의 기둥 같은 성도가 되면 견고하게 하시고 넘어지지 않도록 지키시겠다는 하나님의 약속이기도 합니다. 그러므로 오늘날의 성도들은 교회의 기둥이 되기를 사모해야 합니다. 기둥이 되면 하나님이 그 능력으로 지켜주시고 세워주시는 까닭입니다.

저는 오랫동안 교회 안에서 복을 누리고 믿음으로 세워지는 수많은 가정과 성도들을 보아왔습니다. 그러면서 교회의 기둥 된 성도가 복을 받고, 그 가정과 가문이 믿음으로 세워진다는 것을 알게 되었습니다.

교회의 기둥은 하나님이 책임지십니다. 자녀도, 가정도, 사업도, 교회도, 국가도 하나님이 세우셔야 튼튼하게 설 수 있습니다. 그래서 기둥처럼 말하고, 기둥처럼 섬기는 헌신자들을 통해 하나님은 그의 교회를 세워 가시며 반드시 복으로 갚아주시는 것입니다.

"이기기를 다투는 자마다 모든 일에 절제하나니 그들은 썩을 승리자의 관을 얻고자 하되 우리는 썩지 아니할 것을 얻고자 하노라 그러므로 나는 달음질하기를 향방 없는 것같이 아니하고 싸우기를 허공을 치는 것같이 아니하며" 고전 9:25-26

하나님은 이 책을 손에 든 바로 당신이 주님의 몸 된 교회의 기둥이 되기를 원하십니다.

'임계점 3시간 기도'는
교회의 기둥을 세우는 기도입니다.
지금부터 이 기도에 대한 일곱 개의 기둥을
세워 나가려 합니다.

"지혜가 그의 집을 짓고 일곱 기둥을 다듬고" 잠 9:1

- 각 장 마지막 부분에 임계점 기도 때 사용할 수 있도록 '임계점 3시간 기도 찬양' QR 코드를 첨부해 놓았으니 참고하시기 바랍니다.
- 따로 표기한 부분을 제외한 모든 성경 구절 인용은 개역개정판을 사용하였습니다.

목차 contents

독자들에게 — 4
감사의 글 — 6
추천의 글
이재훈 목사(온누리교회 담임) — 8
김영한 박사(숭실대학교 기독교학대학원 설립원장, 기독교학술원장) — 9
이상철 목사(前 순복음총회신학교 총장, 서울명륜교회 담임) — 10
서문 — 12
프롤로그 — 19

세움 1 진리성의 기둥(Pillar of Truth) — 27

세움 2 일관성의 기둥(Pillar of Consistency) — 41

세움 3 담대성의 기둥(Pillar of Boldness) — 57

세움 4	거룩성의 기둥(Pillar of Holiness)	- 91
세움 5	효과성의 기둥(Pillar of Effectiveness)	- 135
세움 6	연속성의 기둥(Pillar of Continuity)	- 157
세움 7	지속성의 기둥(Pillar of Persistence)	- 173

'임계점 3시간 기도의 법칙' 체험 및 세미나 후기	- 199
임계점 기도 칼럼 모음	- 213
에필로그	- 233
서평	- 235
미주	- 237

세움 1

진리성의 기둥
Pillar of Truth

진리성
시간과 공간을 초월해
누구나 인정할 수 있는 보편적이고 불변적인 사실
혹은 참된 이치나 법칙이 되는 성질

"진리를 알지니 진리가 너희를 자유롭게 하리라" 요 8:32

세움 1

진리성의 기둥
(Pillar of Truth)

🌱 **세상엔 수많은 법칙이 존재합니다**

17세기 자연과학계 역사상 가장 위대한 발견인 아이작 뉴턴의 만유인력의 법칙은 세상을 완전히 바꾸어 놓았습니다. 뉴턴이 이 법칙을 발견하게 된 계기와 관련된 유명한 일화가 있습니다.

1666년 여름 어느 달 밝은 밤에 뉴턴은 고향인 영국 링컨셔의 울스롭(Woolsthorpe)에 있는 과수원의 사과나무 아래에 앉아 있었습니다. 그런데 갑자기 뉴턴의 발 앞에 사과가 하나 떨어졌습니다. 문득 뉴턴은 이런 생각에 빠져들었습니다.

'사과를 땅으로 끌어당기는 힘은 지구에서 일정한 거리에 한정된 것이 아니라 훨씬 멀리까지 미치지 않을까? 그렇다면 그 힘이 달까지도 미치지 않을까? 사과는 아래에 받쳐주는 것이 없어서 땅에 떨어지는데 왜 하늘에 있는 달은 똑같이 아래에서 받쳐주는 것이 없는데도 땅으로 떨어지지 않는 것일까?'

결국 뉴턴은 세상의 모든 물체 사이에는 서로 당기는 힘이 있음을 알아냈고, 우주에 존재하는 모든 것에 적용되는 이 힘을 만유인력의 법칙이라고 불렀습니다.

🌱 천지의 법칙

성경은 이미 천지를 창조하신 하나님이 이 법칙을 만드셨다고 소개합니다. 태초에 하나님은 천지를 창조하시며 하늘과 땅의 법칙을 정하셨습니다. 그 후 세계는 그 법칙에 의해 움직이고 있습니다.

> "여호와께서 이와 같이 말씀하시니라 내가 주야와 맺은 언약이 없다든지 천지의 법칙을 내가 정하지 아니하였다면"렘 33:25

성경은 단언컨대 모든 자연법칙을 만든 분이 창조주 하나님이라고 말합니다. 법칙은 누군가가 의도를 가지고 만들지 않으면 존재할 수 없습니다. 우연이란 존재할 수 없는 것입니다. 그리고 과학기술의 발전이 우주 안에 존재하는 수많은 법칙을 발견해내고 있습니다.

❦ 기도의 법칙

법칙이란 시공을 초월해 진리라고 인정되는 보편화된 일반성을 뜻하는 것으로, 일정한 수준의 검증을 거쳐 설명될 수 있는 사실을 말합니다. 즉, 뉴턴이 발견한 것을 원리라고 부르지 않고 법칙이라고 명하는 것은 그만큼 논리가 입증된 것이라는 뜻입니다.

바로 이 점이 임계점 기도에 '법칙'이라는 단어를 붙인 이유입니다. 임계점 기도는 비록 지금은 비밀스럽게 감추어져 있지만 기독교 이천 년 역사를 통해 검증되었고 설명할 수 있는 기도의 '법칙'이기 때문입니다.

❦ 임계점은 그 의미가 특별합니다

다음은 '임계점'(臨界點, The Critical Point)이란 말의 의미를 살펴보겠습니다.

'임계점'은 본래 물리학 용어로, 어떤 물질의 구조와 성질이 다른 상태로 바뀔 때의 온도와 압력을 말합니다. 어떤 상태에서 더는 견디지 못하고 다른 상태로 변화하는 한계점, 예를 들어 액체였던 물이 고체가 되는 어는점 '0도'나, 액체였던 물이 기체로 변하기 시작하는 끓는점 '100도'와 같이 어떤 기존의 상태에서 한계 상태에 이르는 점을 '임계점'이라고 부릅니다.

이것이 기도에서도 그대로 적용됩니다. 기도도 어느 정도의 영적 온도에 이르러야 성령의 역사가 나타나기 시작하기 때문입니다. 그 영적 온도를 바로 기도의 '임계점'이라고 부를 수 있습니다. 그리고 그 임계점의 자리가 바로 '3시간'인 것입니다.

제가 아무리 바쁘고 힘들어도 새벽 임계점의 시간으로 나아가는 것은 그 시간의 비밀을 알았기 때문입니다.

🌱 한국교회의 기도 구호 '주여 삼창'

우리 한국교회는 과거 좋은 영적 유산인 기도의 영성이 있었습니다. '주여 삼창'은 그러한 기도의 영성 가운데 한국에서 시작된 기도 구호입니다. 보통 통성기도를 시작할 때 '주여 삼창'을 하는데, 심지어 외국 성도들도 한국말로 '주여 삼창'을 하고 기도해야 기도의 영성이 살아나는 듯하다고 말할 정도로 이 기도 구호는 정평이 나 있습니다.

> "'주여' 들으소서 '주여' 용서하소서 '주여' 귀를 기울이시고 행하소서 지체하지 마옵소서" 단 9:19 (작은따옴표는 저자 강조)

또한 기도 선배들의 좋은 가르침도 있었습니다.

"**한** 시간 기도하면 나 자신을 이기고
두 시간 기도하면 사탄 마귀를 이기고
세 시간 기도하면 기적이 일상이 된다."

사실 이러한 기도의 비밀은 기도의 선배들뿐 아니라 능력의 종들이 누차 강조해온 내용입니다. 그러나 이 귀한 기도의 비밀들이 감추어진 채 기독교 역사와 한국교회사에서 특정한 사람들만 경험할 수 있었습니다.

중국 상하이에서 부흥회 인도 요청이 들어와 아내와 함께 다녀온 적이 있습니다. 나를 초청하신 목사님은 과거 여의도순복음교회에서 대교구장으로 사역하실 때 조용기 목사님이 교역자들과 제자 목회자들에게 "하루 3시간 기도해야 기적이 나타난다"는 말씀을 자주 하셨던 것을 기억하셨습니다. 이 목사님의 증언을 들어보면, 지금도 그렇지만 과거에는 그 교회에 더 많은 기도의 헌신이 있었던 게 사실입니다. 덕분에 당시 교회에서 일어난 기적은 이루 말할 수 없을 정도로 많았습니다.

현재 세계 최대 규모의 교회가 된 것도 소위 '빨간 가방 부대'라 불리던 구역장과 평신도들이 조용기 목사님을 따라 하루 3시간씩 기도하며 교회를 섬기고 충성한 데서 이유를 찾을 수 있습니다. 그 가운데 불같은 성령의 역사와 부흥이 교회에 임했던 것입니다.

당시 조용기 목사님은 한국의 오순절 역사를 일으켰습니다. 뒤이어 한국교회가 순복음교회식 기도에 열광하면서 강력한 부흥이 일어났습니다. 순복음교회처럼 아니 그보다 더 뜨겁게 기도하고 부르짖을 때 많은 교회가 부흥 성장했습니다. 지금도 통성기도와 방언기도의 방식을 사용하는 교회는 부흥을 경험하고 있습니다.

한동안 서울 동대문구 이문동의 순복음경동교회에서 부목사로 사역했는데 그 교회에는 많은 기도의 권사님들이 계셨습니다. 특히 화요중보기도모임을 인도할 때마다 불같이 뜨겁게 기도하시는 권사님들의 모습을 보았습니다. 그분들 중에는 젊은 시절 여의도순복음교회에서 신앙생활을 하신 분들도 많았고, 덕분에 순복음교회식 기도가 어떤 건지 간접적으로나마 경험할 수 있는 기회였습니다. 권사님들은 늘 온몸을 진동하며 부르짖어 기도했는데 그 소리에 교회 앞을 지나가던 사람들조차 깜짝깜짝 놀랄 정도였습니다. 지하성전이 떠나가도록 부르짖는 통성기도와 방언기도로 밤낮없이 24시간 계속해서 기도의 제단이 열려 있었습니다.

저는 어려서부터 장로교 합동 측 교단에서 신앙생활을 하고, 사역도 주로 장로교 통합 측과 성결 교단에서 한 터라 순복음에 대해서는 잘 몰랐습니다. 십대 때의 성령 체험이 결국 오순절 교단에서 목사 안수를 받는 계기가 되긴 했지만, 당시 뼛속까지 장로교 신앙이 배어 있었기에 그러한 권사님들의 기도는 문화충격 그 자체였습니다. 그러나 그때 경험한 기도로 오늘날 임계점 기도를 나오게 만들었습니다.

🌱 예수님의 겟세마네 기도가 임계점 기도의 시작입니다

인류 구속을 위한 십자가의 죽음을 앞둔 예수님은 마지막 기도를 드리시기 위해 제자들과 겟세마네 동산에 오르셨습니다. 그리고 고통 가운데 기도하시던 예수님과 달리 졸고 있던 제자들에게 이렇게 말씀하셨습니다.

> "제자들에게 오사 그 자는 것을 보시고 베드로에게 말씀하시되 너희가 나와 함께 한 시간도 이렇게 깨어 있을 수 없더냐 … 다시 두 번째 나아가 기도하여 이르시되 … 또 그들을 두시고 나아가 세 번째 같은 말씀으로 기도하신 후 이에 제자들에게 오사 이르시되 이제는 자고 쉬라 보라 때가 가까이 왔으니 인자가 죄인의 손에 팔리느니라" 마 26:40-45

여기서 예수님의 행동을 잘 살펴보면 세 번, 3시간 기도하신 것으로 보입니다. 십자가 대속의 사명을 앞둔 예수님은 이렇게 기도로 죽음에 대한 두려움과 십자가에서 당하실 육체적·정신적·영적 고통을 이미 이기시고 돌파하셨습니다. 땀방울이 핏방울로 변하여 떨어지도록 육체의 한계를 뛰어넘으신 것입니다. 예수님은 이미 기도의 시간에 십자가의 두려움을 이겨내신 것입니다. 그러므로 임계점 3시간 기도는 두려움을 이기는 십자가의 영성입니다.

🌱 임계점 기도는 내 뜻이 아니라 하나님의 뜻을 구하는 기도입니다

예수님의 겟세마네 기도는 자신의 뜻을 내려놓고 아버지의 뜻을 붙잡는 기도였습니다. 이처럼 자신의 뜻과 욕심을 내려놓고 하나님 아버지의 뜻을 묻고 구하는 기도가 임계점 기도입니다.

> "조금 나아가사 얼굴을 땅에 대시고 엎드려 기도하여 이르시되 내 아버지여 만일 할 만하시거든 이 잔을 내게서 지나가게 하옵소서 그러나 나의 원대로 마시옵고 아버지의 원대로 하옵소서 하시고" 마 26:39

결국 예수님은 육신적인 고통과 피하고 싶은 십자가 처형을 앞두고 이미 전에 제자들에게 가르쳐주셨던 "뜻이 하늘에서 이루어진 것같이 땅에서도 이루어지이다"(마 6:10)라는 기도를 드린 것입니다.

기도가 하나님을 향할 때 모든 기도의 내용이 이 예수님의 기도처럼 됩니다. 그렇게 하나님의 뜻을 구하며 자신의 의지와 욕심을 내려놓으면 마음이 평안으로 가득 채워집니다.

🌱 '경외심'이 기도 응답의 방법입니다

> "예수께서 육신으로 세상에 계실 때에, 자기를 죽음에서 구원
> 하실 수 있는 분께 큰 부르짖음과 많은 눈물로써 기도와 탄원
> 을 올리셨습니다. 하나님께서는 예수의 경외심을 보시어서, 그
> 간구를 들어주셨습니다." 히 5:7(새번역)

본문은 기도 응답의 방법으로 '경외심'을 가르쳐주고 있습니다. '경외심' 때문에 간구를 들어주셨다고 말씀합니다. 그렇다면 무엇이 '경외심'입니까? 경외심은 너무나도 사랑하는 아바 아버지, 거룩하고 존귀하신 창조주 하나님께 누를 끼칠까 봐 조심하고 두려워하는 마음, 곧 어떤 일에서나 자기 육신의 생각이 뒤섞여 하나님께 죄를 지을까 봐 두려워하는 것입니다.

즉 '경외심'은 자신을 내려놓음과 내주하시는 성령께 모든 주도권을 내어드림으로 일상생활에서 하나님을 나타내는 것입니다. 하나님의 역사는 자기 중심에서 하나님 중심으로 바뀌는 임계점의 시간을 지날 때 나타납니다.

'경외심'은 예수님의 삶과 기도에서 올바른 정의를 찾을 수 있습니다.

"아무든지 나를 따라오려거든 자기를 부인하고 날마다 제 십자
가를 지고 나를 따를 것이니라" 눅 9:23

십자가를 지는 것이 아버지 하나님의 뜻임을 알고 계셨던 예수님
은 말씀대로 자신의 뜻을 부인하고 십자가의 길을 선택하셨습니다.
이것이 바로 '경외심'입니다.

🌱 임계점 기도는 "오늘도 저는 죽습니다"로 시작됩니다

사도 바울은 자기 사역의 열매와 영적 승리의 비결을 자랑합니다.

"그리스도 예수 우리 주 안에서 가진 바 너희에 대한 나의 자랑
을 두고 단언하노니 나는 날마다 죽노라" 고전 15:31

죽은 사람은 아무런 반응을 할 수 없습니다. 화를 낼 수도, 욕심
을 부릴 수도 없는 것입니다. 당연히 싸우거나 미워할 수도 없습니
다. 그리스도 안에서 자아가 죽은 사람이 이와 같습니다. 그리고 자
아가 죽으면 예수님만 자랑하게 됩니다.

자! 이제 임계점 기도를 시작해봅시다.

함께 외칩시다!

"나는 이 기도를 실천해 꼭 변화를 받을 것입니다."

 **임계점 3시간 기도의 법칙**

예수님의 겟세마네 기도는 자신의 뜻을 내려놓고 아버지의 뜻을 붙잡는 기도였습니다. 이것이 임계점 기도의 마지막 기도여야 합니다. 내 뜻과 욕심을 내려놓고 하나님 아버지의 뜻을 묻고 구하는 기도가 임계점 기도입니다.

세움 2

일관성의 기둥
Pillar of Consistency

일관성
태도나 방법 따위가 처음부터 끝까지 한결같은 성질

"내 영광아 깰지어다 비파야, 수금아, 깰지어다 내가 새벽을 깨우리로다" 시 57:8

세움 2

일관성의 기둥
Pillar of Consistency

2017년 11월부터 기도에 대해 가르치면서 나는 항상 서두에 이런 질문을 합니다. "믿음이 있어서 기도하는 걸까요, 아니면 기도하다 보니 믿음이 생기는 걸까요?" 당연히 믿음이 있어야 기도하겠지만 놀랍게도 기도하다 보면 믿음이 생깁니다. 기도를 하면 할수록 는다는 것은 경험으로 알 수 있습니다.

다윗은 사울을 피하여 아둘람 동굴에 숨었을 때도 일관성 있게 기도했습니다.

"내 영광아 깰지어다 비파야, 수금아, 깰지어다 내가 새벽을 깨우리로다" 시 57:8

다윗은 누구보다 많은 고난을 겪었습니다. 젊었을 때는 사울 왕의 질투로 10여 년간 떠돌이 도망자 신세로 살았습니다. 왕이 되어서는 아들 압살롬의 모반으로 말할 수 없는 수모와 고통을 겪었습니다. 육체의 괴로움뿐 아니라 마음이 답답하고 억울하여 감당키 어려울 때, 철저히 고립되어 고독할 때, 상황이 매우 절박해 할 수 있는 게 아무것도 없을 때 다윗이 한 일은 하나님께 부르짖어 기도하는 것이었습니다. 기도의 영성은 이런 때 나오는 것입니다. 아무도 모르는 동굴 속에 있어도 하나님만은 자신을 보고 계시다는 것을 믿었던 다윗은 새벽을 깨워 하나님께 기도했습니다.

"여호와여 나의 말에 귀를 기울이사 나의 심정을 헤아려 주소서 나의 왕, 나의 하나님이여 내가 부르짖는 소리를 들으소서 내가 주께 기도하나이다 여호와여 아침에 주께서 나의 소리를 들으시리니 아침에 내가 주께 기도하고 바라리이다" 시 5:1-3

"주여 이제 내가 무엇을 바라리요 나의 소망은 주께 있나이다"
시 39:7

"야곱의 하나님을 자기의 도움으로 삼으며 여호와 자기 하나님에게 자기의 소망을 두는 자는 복이 있도다" 시 146:5

🌱 우리 인생의 희망은 기도할 때 생깁니다

어니스트 헤밍웨이의 『노인과 바다』에서 주인공 산티아고는 이렇게 외칩니다. "희망을 갖지 않는 것은 어리석다. 희망을 버리는 것은 죄악이다."

삶에서 어려운 문제를 만날 때 인간적인 방법을 찾지 말고 하나님께 맡기시기 바랍니다. 성경은 우리의 인생이 단회적이라고 말합니다. 그 한 번밖에 없는 생애조차 하나님께 맡겨야 합니다. 그러면 희망이 생겨나기 시작합니다. 임계점 기도를 마치고 밝은 아침을 맞으며 늘 성도들과 나누는 인사말이 있습니다.

"승리하셨습니다."
"감사합니다."

맡기는 믿음의 기도는 결국 "주님께서 하십니다"라는 고백입니다. 하나님은 그러한 기도에 늘 응답하십니다. 그래서 감사의 고백은 결국 "주님께서 하셨습니다"가 됩니다.

매일 이른 새벽 시간 교회에 모여 부르짖는 기도의 시간을 통해 모두가 경험하는 것은 희망이 넘친다는 것입니다. 환경이 갑자기 변해서가 아니라 기도로 하나님께 맡기면서 환경을 이겨낼 수 있는 담대함이 생겼기 때문입니다.

🌱 기도가 더 중요합니다

이 시대 가장 시급한 일이 기도입니다. 기도가 그 어떤 일보다 앞서는 것이 중요합니다. 타락이란 결국 덜 중요한 것을 중요한 것보다 먼저 하려는 데서 일어납니다.

에덴동산의 아담과 하와는 생명나무가 있는 하나님의 보좌(계 22장)로 나아가는 것을 가장 큰 기쁨으로 여겼고 거기서 참된 자유를 맛볼 수 있었습니다. 그러나 그 은혜와 비교할 수조차 없는 사탄의 유혹에 마음을 빼앗겨 결국 선악을 알게 하는 금지된 나무의 열매를 먹고 말았습니다. 그리하여 범죄 이전에 하나님께 받았던 "생육하고 번성하여 땅에 충만하라, 땅을 정복하라, 바다의 물고기와 하늘의 새와 땅에 움직이는 모든 생물을 다스리라"(창 1:28)는 다스림의 권위 대신 부끄러움과 두려움의 세계를 경험하게 되었습니다.

> "이르되 내가 동산에서 하나님의 소리를 듣고 내가 벗었으므로 두려워하여 숨었나이다" 창 3:10

성도는 매일 먼저 기도의 자리로 나아가 충만한 은혜를 받아야 합니다. 그렇지 않으면 덜 중요한 일들에 매여 하나님 앞에 나아가는 것을 뒤로하게 되고, 결국은 두려움과 염려에 묶이게 됩니다.

🌱 기도의 사람들이 깨달았던 3시간 기도 임계점

미국의 백화점왕 존 워너메이커는 '백화점의 창시자', '상인의 왕', '비즈니스의 개척자' 등으로 불리며 그가 활동하던 당시 미국의 10대 재벌 중 한 사람이 되었습니다. 미국 필라델피아에서 가난한 벽돌공의 아들로 태어났으나 어릴 적부터 하나님을 의지하며 기도하는 법을 배웠던 그는 사업이 번창해 바쁜 중에도 기도의 습관을 버리지 않았습니다. 평소에는 매일 한 시간씩 기도했고, 조금 바쁘면 두 시간, 더 바쁠 때는 세 시간씩 기도하며 사업을 일궈낸 기도의 사람이었습니다.

종교개혁가 마르틴 루터는 누군가가 자신의 일상에 대해 묻자 이렇게 대답했습니다. "이른 아침부터 늦은 밤까지 일하고 또 일하지요. 사실 저는 할 일이 너무 많아 하루를 시작하면서 3시간 동안 기도합니다. 내가 새벽 3시간의 기도에 실패하면 그날의 승리는 마귀에게 돌아갑니다."

기도의 사람 E. M. 바운즈도 새벽 4시에 일어나 매일 3시간씩 기도했고, 여의도순복음교회를 70만 성도의 교회로 부흥시킨 조용기 목사님도 "저는 50년간 한 번도 휴가를 간 적이 없습니다. 교회 성장에 미쳐 있었기 때문에 목숨을 바쳐 뜨거운 열정으로 하루 3시간씩 엎드려 기도했습니다"라고 고백할 정도로 기도에 헌신된 분이었습니다. 분명 기적과 부흥에는 기도라는 영적 흐름이 있음을 알게 됩니다.

부산 수영로교회 정필도 목사님도 기도의 임계점을 깨닫고 실행했던 분으로 다음과 같이 말씀하셨습니다. "나는 51년간 목회하면서 점점 더 기도 시간을 늘렸다. 목회를 해보니 내가 사람을 직접 찾아가서 만나고 설득하는 것보다 '주님께서 대신 심방해 주시고, 만나 주시고, 전도해 주십시오'라고 기도하는 게 훨씬 나았다. 그렇게 기도했더니 내가 하는 것보다 완벽했고, 실수가 없었으며, 두고두고 간증거리가 될 만큼 기가 막히게 모든 일이 잘되었다. 우리 교회 수많은 성도들의 그 많은 문제를 내가 어떻게 다 도와줄 수 있겠는가. 그저 기도할 수밖에 없었다. 그래서 오전 10시까지는 무조건 기도 시간으로 정해놓고 살았다."

🌱 시간의 기적

하나님과 함께 많은 시간을 보내는 것이 모든 성공적 기도의 비결이기에 이것은 시간의 기적이라고 말할 수 있습니다.

앞서 소개한 마르틴 루터는 기도에 헌신한 사람이었을 뿐 아니라 수많은 저서를 남기기도 했습니다. 그러면서 그는 "기도를 잘하는 사람은 연구도 잘한다"라고 말하기도 했습니다.

저 역시 임계점 3시간 기도의 과정을 통해 인생이 급진적으로 상승하는 것을 경험하고 있습니다. 이렇게 기도에 관한 글을 쓸 수 있게 된 것도 그저 놀랍기만 합니다. 모두 기도 가운데 임하는 성령의 기름부으심과 창조적 믿음 때문입니다.

3개월이면 충분합니다

다윗이 이스라엘의 왕이 되어 예루살렘에 정착하면서 가장 심혈을 기울인 일은 기럇여아림의 아비나답의 집에 20년 동안 방치되어 있던 하나님의 궤를 예루살렘 다윗의 궁으로 가져오는 것이었습니다.

그러나 3만 명의 호위병과 새 수레, 정결한 소들도 하나님의 법궤를 옮기기엔 부족했던 것 같습니다. 궤를 실은 행렬이 나곤의 타작마당에 이르자 갑자기 소들이 놀라 뛰었고, 흔들리는 궤를 보호하기 위해 손으로 붙들었던 웃사가 하나님의 진노로 그 자리에서 죽임을 당했습니다. 그 자리에 있던 모든 백성과 병사, 심지어 왕인 다윗도 두려움으로 어쩔 줄 몰라 하고 있을 때 오벧에돔이 하나님의 궤를 자기 집으로 메어 감으로 이 사건은 마무리됩니다.

그러나 놀랍게도 3개월 뒤 오벧에돔의 집에 기적 같은 복이 임합니다. 그 누구도 가까이하기를 꺼렸던 법궤를 자기 집으로 메어 간 오벧에돔에게 하나님은 복으로 보상하셨습니다.

여기서 중요한 것은, 하나님 임재의 상징인 법궤가 오벧에돔의 집에 시간적으로 3개월밖에 머물지 않았음에도 그의 온 집에 복을 주셨다는 사실입니다.

기도는 습관이 될 때 비로소 인격이 됩니다. 그래서 힘들어도 3개월만 작정하고 기도하면 자연스럽게 새벽을 깨우게 됩니다. 나는 집회를 할 때마다 이 부분을 매우 강조합니다. 3개월이면 충분하리라고 믿기 때문입니다. 그리고 일단 습관이 되면 기도가 더는 고통이 되지 않고 영이 육을 이끌어가는 단계로 나아가게 됩니다.

🌱 임계점과 하나님의 임재

오벧에돔은 누구도 하려 하지 않았던 일에서 경계를 넘어 헌신했기에 온 집이 복을 받는 은혜를 경험할 수 있었습니다. 이처럼 한계 즉 임계점을 넘을 때 하나님의 임재를 경험하게 됩니다.

3개월여 새벽 3시간의 기도를 시작하면서 나 역시 놀라운 부흥과 기적을 사역과 교회에서 경험하게 되었습니다. 매 주일 하나님의 임재가 예배에 강하게 나타나면서 3시간의 임계점 기도를 드리기 전과 후는 완전히 달라졌습니다. 이러한 생생한 경험이 임계점 기도를 한국교회에 알리게 된 동기가 되었습니다.

🌱 10년의 법칙?

사실 우리는 어떤 분야에서 최고 수준의 성과와 성취에 도달하려면 최소 10년 정도는 공을 들여야 한다는 이야기를 들은 적 있습니다.

1993년 미국 콜로라도 대학교의 앤더스 에릭슨(K. Anders Ericsson) 박사는 논문을 통해 '10년의 법칙'이라는 연구 결과를 발표했습니다. 어떤 특별한 분야에서 세계적인 수준에 이르기 원한다면 최소 하루 3시간씩 10년 동안 지속적으로 정교하게 훈련해야 한다는 논리로 '1만 시간의 법칙'이라고 부르기도 합니다.

이것을 '법칙'이라고 부르는 것은 그동안 다양한 분야에 걸쳐 이루어진 여러 연구 결과에 바탕을 둔 것이기에 이미 가설 수준은 벗어났다는 의미입니다.

그러나 기도에서는 이 법칙이 반드시 정답은 아닙니다. 성도라면 누구나 기도는 오랜 세월 동안 이런저런 모양으로 해왔기에 마음만 먹으면 잘할 수 있습니다. 마치 목동 다윗이 늘 몸에 지니고 다니던 물맷돌로 거인 장수 골리앗을 이길 수 있었던 것과도 같습니다.

> "손을 주머니에 넣어 돌을 가지고 물매로 던져 블레셋 사람의 이마를 치매 돌이 그의 이마에 박히니 땅에 엎드러지니라" 삼상 17:49

세움 2_ 일관성의 기둥

현재 하고 있는 기도의 방식을 조금만 더 격려하고 세워주면 아주 오랜 시간을 들이지 않아도 누구나 기도를 잘할 수 있습니다. 지금과 같은 성령의 시대에는 과거 10~20년 걸릴 일이 수년 내에 이루어질 수 있기 때문입니다.

> "여호와여 내가 주께 대한 소문을 듣고 놀랐나이다 여호와여 주는 주의 일을 이 수년 내에 부흥하게 하옵소서 이 수년 내에 나타내시옵소서" 합 3:2

한 가지 습관이 몸에 배는 데는 약 100일의 시간이 필요하다고 합니다. 하루 3시간씩 10년의 수련기가 아니라 3개월을 목표로 시작하면 됩니다. 3개월이면 기도가 습관이 될 수 있습니다. 습관이 된 기도는 인격이 되어 자신과 다른 사람들의 삶에 영향력을 끼치게 되고 결국 그 사람은 교회와 시대에 반드시 쓰임받게 될 것입니다.

🌱 임계점 기도는 이기고 지키는 능력이 있습니다

매일 무릎으로 나아가는 연속의 기도에는 우리의 필요를 날마다 공급하시고 모든 두려움을 이기게 하시는 능력이 임합니다.

> "아무것도 염려하지 말고 다만 모든 일에 기도와 간구로, 너희

> 구할 것을 감사함으로 하나님께 아뢰라 그리하면 모든 지각에
> 뛰어난 하나님의 평강이 그리스도 예수 안에서 너희 마음과 생
> 각을 지키시리라" 빌 4:6-7

 기도에는 모든 것을 이기고 지키는 역사가 있습니다. 기도의 사도 야고보는 "의인의 간구는 역사하는 힘이 큼이니라"(약 5:16)라는 말씀으로, 모든 문제를 이기게 하고 축복을 가져오는 기도의 능력에 대해 강조합니다.
 임계점 기도에서 가장 강력한 부분도 이기고 지키는 능력입니다. 이것은 너무도 신비롭고 경이로운 일입니다. "너는 내게 부르짖으라 내가 네게 응답하겠고 네가 알지 못하는 크고 은밀한 일을 네게 보이리라"(렘 33:3)는 약속처럼 기도에는 비밀스러운 능력이 있습니다. 그리고 이러한 기도는 견고한 진을 파하는 강력이 됩니다.

> "우리의 싸우는 무기는 육신에 속한 것이 아니요 오직 어떤 견
> 고한 진도 무너뜨리는 하나님의 능력이라 모든 이론을 무너뜨
> 리며 하나님 아는 것을 대적하여 높아진 것을 다 무너뜨리고 모
> 든 생각을 사로잡아 그리스도에게 복종하게 하니" 고후 10:4-5

🌱 채워야 할 기도의 분량

세상의 모든 일에는 채워야 할 분량이 있습니다. 그리고 필요한 분량이 채워질 때 목적하는 그 문이 열립니다. 다시 말해 모든 일이 빛을 보고 열매를 맺기 위해서는 채워야 할 분량의 노력, 훈련, 실패, 시간이 있음을 알고 그 임계점을 반드시 통과해야 하는 것입니다.

아무리 조급해도 기도 역시 채워야 할 분량이 있습니다. 기도의 분량은 반드시 영적인 법칙에 따라 채워야 합니다.

> "나는 이제 너희를 위하여 받는 괴로움을 기뻐하고 그리스도의 남은 고난을 그의 몸 된 교회를 위하여 내 육체에 채우노라"
> 골 1:24

기도는 개인이 그 분량을 정하는 것이 아니라 하나님이 원하시는 분량을 따라야 합니다. 그 분량이 채워지면 하나님의 결과가 기적으로 나타나게 됩니다.

요한계시록 5장 8절을 보면 성도들의 기도의 향이 담긴 금대접을 가지고 있는 천사들의 모습이 나타납니다.

> "그 두루마리를 취하시매 네 생물과 이십사 장로들이 그 어린 양 앞에 엎드려 각각 거문고와 향이 가득한 금 대접을 가졌으니 이 향은 성도의 기도들이라" 계 5:8

그리고 천사들이 그 기도의 향을 하늘의 보좌 앞 제단에 드리자 그 향이 하나님 앞으로 올라가고, 이어서 향로에 제단의 불을 담아 땅에 쏟으니 여러 가지 현상이 나타나는 것을 볼 수 있습니다.

> "또 다른 천사가 와서 제단 곁에 서서 금 향로를 가지고 많은 향을 받았으니 이는 모든 성도의 기도와 합하여 보좌 앞 금 제단에 드리고자 함이라 향연이 성도의 기도와 함께 천사의 손으로부터 하나님 앞으로 올라가는지라 천사가 향로를 가지고 제단의 불을 담아다가 땅에 쏟으매 우레와 음성과 번개와 지진이 나더라" 계 8:3-5

이것이 바로 기도의 분량이 차면 하나님이 역사하시는 기적을 의미합니다.

자! 이제 임계점 기도를 시작해봅시다.

함께 외칩시다!

"나는 이 기도를 실천해 꼭 변화를 받을 것입니다."

임계점 3시간 기도의 법칙

매일 무릎으로 나아가는 연속의 기도에는 우리의 필요를 날마다 공급하시고 모든 두려움을 이기게 하시는 능력이 임합니다.

세움 3

담대성의 기둥
Pillar of Boldness

담대성
겁이 없고 배짱이 두둑하고 용감함

"그러므로 우리는 긍휼하심을 받고 때를 따라 돕는 은혜를 얻기 위하여 은혜의 보좌 앞에 담대히 나아갈 것이니라" 히 4:16

세움 3

담대성의 기둥
(Pillar of Boldness)

🌱 개척 이야기

　처음 교회 개척을 준비하기 석 달 전쯤 장로교 합동 측 교회에서 목회를 하시는 큰형님을 찾아뵙고 개척 계획에 대해 말씀을 드렸습니다. 큰형님은 개척교회 성공률 1% 시대에 왜 그 어려운 개척을 하려느냐며 크게 만류하셨습니다. 본인도 오래전에 개척 과정을 겪어 보셨던지라 막냇동생을 걱정하는 마음에 반대하시는 줄은 알았지만, 내심 얼마나 섭섭하던지 그 길로 교회 창립 때까지 연락을 끊고 말았습니다. 교회 개척이 축복이라고 생각하고 있었는데, 격려와 기도는커녕 걱정과 우려의 말만 들어서 너무나 속상했습니다.
　그래도 나중엔 죄송한 마음에 교회창립예배 때 대표기도를 부탁드리며 초대했습니다. 예배를 드리고 감사 인사를 하는 시간에 이 이야기를 회중과 나누면서 공식적으로 사과를 드리는데 이유 없이 눈물이 얼마나 나던지, 저도 울고 형님도 우시고 회중도 울었습니다. 우여곡절 끝에 맨땅에 헤딩하듯 교회 개척을 시작했습니다.

개척을 시작하며 지하상가라도 좋아서 열심히 창립예배를 준비하고 있었을 때의 일입니다. 어떤 할머니 한 분이 다섯 살쯤 되어 보이는 손자를 데리고 교회에 들어오셔서 주위를 살펴보시더니 "잘 꾸며 놓았네! 그런데 아마 여기 있던 교회들이 다 망해서 나갔지?" 하시더니 휙 나가버리시는 것이었습니다. 알고 보니 오랫동안 우리 교회 주변에 사셨지만 교회는 다니지 않는 분이셨습니다. 문득 그동안 30년 가까운 세월이 지나면서 이 지하상가에 수많은 교회들이 들어왔다 문을 닫고 마는 것을 세상 사람들이 모두 지켜보고 있었으며 은연중에 웃음거리가 되고 있었다는 사실을 깨달았습니다. 이때 교회는 무조건 성장하고 부흥해야 한다는 것을 다시금 마음에 새기게 되었습니다.

개척을 시작하고 처음 새벽예배를 드리는데 교회 출입구 쪽에서 무슨 소리가 나는 듯하고 머리카락이 쭈뼛쭈뼛 서는 것 같은 두려움이 엄습해 기도를 할 수가 없었습니다. 전에 있던 교회는 밤마다 몇 명이 모여 기도회를 계속했다고 했는데 도저히 그 말이 이해가 되지 않았습니다. 다른 사람은 기도가 잘된다고 하는데 왜 나는 두려움이 생기고 기도가 되지 않는지 이상했습니다. 그러다 종종 철야

기도를 하러 오시는 권사님도 교회에 있기 무서워 자기 차에서 주무신다는 이야기를 듣고서 '뭔가 있구나!'라는 생각을 하게 되었습니다. 답답하고 영적으로 의문이 생겨 결국 하나님께 물었습니다.

"하나님, 도대체 왜 성전에서 기도하는데 무서울까요? 그리고 왜 그동안 이곳에 개척한 교회들이 연이어 문을 닫고 목회자들이 힘들어했을까요?

새벽에 그렇게 기도하다 잠깐 잠이 들었는데 하나님은 시커먼 장정 두 사람이 교회에 들어오는 것을 보여주셨습니다. 그들은 다름 아닌 그동안 교회를 대적했던 두려움의 영들이었습니다. 얼마나 덩치가 크고 당당하던지…. 그때부터 한 달 동안 교회에서 자면서 그 세력들과 싸웠고, 결국 남은 어두움까지 모두 몰아내는 승리를 경험하게 되었습니다.

🌱 성심성의를 다하라

사람들은 흔히들 묻습니다.
"교회 개척의 소명을 받으셨나요?"
나중에 들은 이야기지만 사실 당시 섬기던 교회 목사님께 저에 대한 청빙 요청 두 건이 들어와 있었다고 합니다.

다시 말씀드리면 교회 개척은 꿈도 꾸지 않았던 일이었습니다. 그러나 찬찬히 생각해보면 부교역자 시절 저에게도 개척 소명이라고 할 만한 결정적인 계기가 있었습니다. 지금도 한국교계에서 존경받는 목회자이자 부흥사이신 서울명륜교회 이상철 목사님 곁에서 영성과 목회를 배운 지 6년이 다 되어가고 있던 어느 날 꿈을 꾸었습니다. 꿈에서 이상철 목사님이 주먹만 한 바늘단지 모양의 함을 만드시면서 큰 가위로 자신의 왼손 엄지와 장지 사이를 자르시는 것이었습니다. 옆에서 보고 있던 내가 "목사님, 손이 잘립니다"라고 다급히 소리치자, 알고 있다면서 나에게 주시려고 말씀함을 만드는 것이라고 하셨습니다. 꿈에서 깬 순간 곧바로 그것이 개척을 하라는 하나님의 계시로 깨달아지는 것이었습니다.

그 후 며칠이 지나 새벽기도를 가려고 잠자리에서 일어나는데 그 순간 내 안에서 이런 음성이 들려왔습니다.

"3년간 성심성의를 다해라! 그러면 큰 선물을 주겠다!"

참으로 신기한 체험이었습니다.

'성심성의'(誠心誠意)란 '성실하고 정성스러운 마음과 뜻'을 의미합니다. 지금 와서 그 뜻을 되새겨보면 지난 시간 내가 그런 마음으로 목회를 해왔는지 하나님 앞에 부끄러운 것밖에 없습니다. 그저 '성심성의'의 시늉만 내고 모자람투성인 것 같습니다. 지금도 진행형이지만 이제 이 '성심성의'는 내 평생 목회의 정신이 되고 있습니다.

🌱 전도, 나가면 있고 나가지 않으면 없다

이렇게 교회 개척은 시작되었고, 점차 전도의 열매를 거두면서 자신감과 리더십을 갖게 되었습니다. 그러나 그때까지도 기도의 시간은 겨우 1시간에서 1시간 30분을 넘기지 못했습니다.

아무튼 새벽에 그렇게 기도하고 아침 출근길 전도를 나갔습니다. 이른 아침에 바쁘게 출근하는 사람들에게 말을 걸고 전도한다는 것이 쉬운 일은 아니었지만 어떻게든 해보려고 노력했고 그러다 보니 담력도 생기기 시작했습니다. 그러다 구체적으로 3개월 동안 매일 전도하고 저녁마다 기도회를 한 다음 한 달은 쉬는 방식을 정하고 그렇게 총 9회를 진행했습니다. 그리고 무디 목사님처럼 "단 하루라도 전도하지 않으면 잠자리에 들지 않겠다"는 결심을 실천했습니다.

한번은 온종일 뭐가 그리 바쁜지 전도하지 못한 채 보내다가 마침 금요일이라 철야 기도회를 마치고 지금이라도 전도하러 가야겠다는 생각이 들어 그 늦은 밤에 전도지를 챙겨 아내와 유흥가와 재래시장터로 나갔습니다. 그때 시간이 새벽 1시였습니다. 전도를 나가 지나가는 취객들에게 전도지를 건넸더니 바로 우리 눈앞에서 구겨서 버리거나 욕을 해댔습니다. 그러나 저는 그럴수록 담대하게 예수님을 소개하며 그 사람들의 머리에 손을 얹고 영접기도를 따라 하게 했습니다.

"저는 우리네교회 목사입니다. 선생님, 예수 믿으시면 좋은 일이 일어납니다. 영접하는 자 곧 그 이름을 믿는 자들에게는 하나님의 자녀가 되는 권세를 주십니다. 축복기도니 한번 따라 해보세요! '사랑의 주님! 나는 죄인입니다. 오늘부터 예수 그리스도를 나의 주님으로 영접합니다. 지금부터 천국 갈 때까지 행복하게 살다가 하나님 나라에 들어가게 도와주세요. 예수님의 이름으로 기도드립니다.' '아멘' 하세요! 아멘! 하나님의 자녀가 된 것을 축하드립니다. 내일 주일이니 꼭 교회에 나가세요!"

(가족세트전도아카데미 박영수 목사 전도멘트 인용)

하나님 앞에 부끄럽지 않도록 이렇게 결단한 것을 매일 지켜나갔습니다.

🌱 떡 반죽 그릇의 축복

부교역자 시절 새벽기도를 드리다 난생처음 환상 같은 것을 보게 되었습니다. 당시 섬기던 교회에서 새벽기도회를 인도한 뒤 회중석에서 잠시 눈을 감고 기도하고 있는데 갑자기 눈앞에서 무언가가 희미하게 보였습니다. 자세히 보니 손 모양이 나타나 무언가를 주물럭거리는 듯했습니다. 너무 신기해서 얼른 교회사무실로 들어가 컴퓨

터로 검색을 해보았습니다. '떡', '손', '반죽' 등을 입력하다 놀랍게도 그러한 단어들이 들어있는 성경구절을 발견했습니다.

"네 광주리와 떡 반죽 그릇이 복을 받을 것이며" 신 28:5

시간이 좀 지난 후에는 다음의 말씀도 믿음으로 붙잡게 되었습니다.

"여호와께서 명령하사 네 창고와 네 손으로 하는 모든 일에 복을 내리시고 네 하나님 여호와께서 네게 주시는 땅에서 네게 복을 주실 것이며" 신 2w8:8

저는 그 말씀들을 가지고 '떡 반죽 그릇의 축복'이라고 이름을 지었습니다. 그리고 화가인 교회의 한 청년에게 그 형상을 설명하고 그려줄 것을 부탁했습니다. 미술전에서 입상한 경력이 있었던 그 청년은 자신의 손을 모델 삼아 연필로 그림 한 장을 그려왔습니다.

🌱 떡 반죽 그릇의 축복

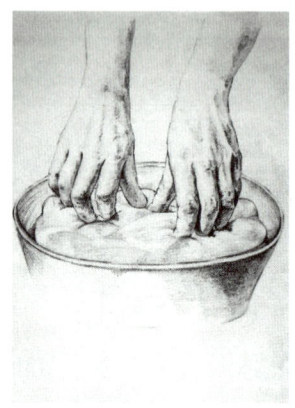

떡 반죽 그릇의 축복

그 후로 "나는 무슨 일을 하든지 잘된다! 누가 하다 망해도 내가 하면 성공한다! 난 뭘 해도 된다!"라는 믿음의 배짱을 갖게 되었습니다. 그리고 실제로 이후 신기한 일들을 많이 경험했습니다.

어릴 때부터 뼛속까지 스며들어 있던 패배의식과 부정적인 생각이 나의 육체뿐 아니라 마음까지 지치게 만들고 있었는데, 말씀을 붙잡는 순간 완전히 변화된 것입니다.

"진리를 알지니 진리가 너희를 자유롭게 하리라" 요 8:32

젊은 시절 삶이 너무나 고되고 지쳐서 한번은 강원도 태백의 예수원을 찾아갔습니다. 당시 예수원에서는 방문자들에게 방문 목적을 적도록 했는데 나는 '쉼'이라고 쓴 것 같습니다. 그만큼 영적으로나 육적으로 쉼이 필요했던 것입니다. 그때 그곳에서 경험한 안식과 평안은 이후 오래도록 내 삶에 여운으로 남아 있습니다. 그곳에서는 침묵을 강조해 소리 내어 기도하지는 못했지만 고요함 속에서 경험한 평안이 참 좋았던 것 같습니다.

그러나 지금의 나는 부르짖는 통성기도를 가르치고 있습니다. 부르짖는 것이 능력이고, 부르짖을 때 모든 무기력과 부정적인 마음을 이길 수 있음을 새롭게 경험했기 때문입니다.

> "너는 내게 부르짖으라 내가 네게 응답하겠고 네가 알지 못하는 크고 은밀한 일을 네게 보이리라" 렘 33:3

🌱 부르짖는 기도는 담대한 기도입니다

부르짖는 기도는 소리 내어 기도하는 방법 중 하나입니다. 과거 한국교회의 부흥은 이러한 통성기도에서 시작되었습니다. 교회마다 부흥회로 모여 부르짖고, 기도원이 사람들로 북적일 때 교회는 날마다 성장했습니다.

그러나 1990년대 이후 부르짖는 기도의 야성을 잃어버리고 다른 기도의 방법들을 도입하기 시작하면서 한국교회는 내리막길을 걷게 됩니다. 교회는 침묵을 선호하면서 부르짖는 기도에 점점 부담을 느끼게 되었고, 심지어 소리 내어 기도하는 것은 세련되지 않아 보인다는 편견까지 생겼습니다. 결과적으로 성도들은 영적으로 무기력해지고 신앙의 역동성을 상실해버리고 말았습니다.

팀 켈러(Timothy Keller)는 자신의 책 『팀 켈러의 기도』(Prayer, 두란노서원)에서 독일의 종교학자 프리드리히 하일러(Friedrich Heiler)의 분석을 인용하면서, 동양 종교에서 찾아볼 수 있는 신비적인 기도가 성도들의 기도에서 비슷하게 나타난다고 지적합니다.

그에 따르면, 신비주의는 신과 기도하는 인간 사이의 격차를 좁혀 "인성이 녹아 사라지고 신격이 가진 무한한 조화 속에 흡수된" 궁극적인 존재가 되게 합니다. 따라서 신비적인 종교는 고요하고 평온하며 입을 열지 않는 명상을 기도의 유형 중 으뜸으로 삼으며, 명상에 들어가면 신과 이야기하는 것이 아니라 스스로 신의 일부가 된다고 말합니다.

반면 하일러는 "격정적인 부르짖음과 외침, 불평과 간청" 등 말로 쏟아내는 씨름하는 듯한 기도는 성경에 수록된 모든 기도에서 발견되는 선지자들과 시편 기자, 그리고 예수님과 사도들의 기도 유형이라고 설명합니다.[1]

🌱 통성기도는 기도의 골방입니다

"너는 기도할 때에 네 골방에 들어가 문을 닫고 은밀한 중에 계신 네 아버지께 기도하라 은밀한 중에 보시는 네 아버지께서 갚으시리라" 마 6:6

통성기도는 기도에 집중할 수 있도록 만들어 주는 너무도 효과적인 기도 방식입니다. 사실 평양 대부흥운동 이전에는 한국교회에서 통성기도는 매우 보기 힘든 기도 유형이었습니다. 그런데 이 통성기도가 평양 대부흥운동의 특징으로 나타나면서 한국교회의 부흥에 불을 당겼습니다.

오늘날 '골방에서 기도하라'는 말씀을 단지 조용한 곳에서 침묵으로 기도하라는 뜻으로만 해석하는 경우가 많은 것 같습니다. 그러나 이 말씀은, 기도는 살아 계신 하나님과 독대하는 것이기에 믿음으로 드리라는 의미이지 침묵과 묵상으로 일관하는 기도를 명령하는 것은 아닙니다.

개인마다 선호하는 다양한 기도의 방법이 있겠지만, 이제는 부르짖는 기도로 돌아가야 합니다. 날마다 기도의 골방에서 부르짖는 기도를 해야 합니다. 그렇기 때문에 연속 3시간의 기도는 골방에서 드리는 임계점 기도인 것입니다.

기도의 기술을 배우지 못한 사람은 기도의 능력을 체험할 수 없습니다. 능력은 하나님에게서 나오는 것이기에 골방에서 하나님 앞에 머물러 있는 시간이 길면 길수록 우리는 능력 있는 일을 감당하게 됩니다.

성경에서 다윗은 밤낮 부르짖는 기도의 사람으로 소개됩니다. 특히 왕이 된 후 많은 전쟁을 치르게 되었는데, 전쟁 전에는 항상 하나님 앞에 나아가 머물곤 했습니다. 그런 다윗에게 하나님은 승리와 강성함을 주셨습니다.

"… 다윗이 아뢰되 어디로 가리이까" 삼하 2:1
"이에 다윗이 여호와의 명령대로 행하여" 삼하 5:25
"… 다윗이 점점 강성하여 가니라" 대상 11:9

성도가 하나님의 도움을 받아 강성해지는 비결은 기도에 있습니다. 하나님 앞에 무릎을 꿇으면 사람 앞에서 무릎 꿇는 일이 없게 되는 것입니다. 그러므로 사람과 권세와 물질을 좇지 말고 기도의 골방으로 나아가 우리의 도움이 되시는 하나님께 부르짖어야 합니다. 기도하면 반드시 하나님이 높여주시는 때가 옵니다.

🌱 내 집은 만민이 기도하는 집이라

기도에 관한 탁월한 저술가인 E. M. 바운즈는 "교회로 하여금 기도하게 만들 수 있다면 그 사람이야말로 가장 위대한 개혁자이며 사도일 것이다"라고 말했습니다. 성경은 교회에 대해 기도하는 집이라고 말합니다. 그렇다면 향수를 파는 상점에서 향수 냄새가 나고, 구둣가게에서 가죽 냄새가 나듯, 교회에서는 기도의 향기가 나야 하는 것입니다.

"내 집은 만민이 기도하는 집이라 일컬음이 될 것임이라" 사 56:7

물론 기도의 향기라는 것이 특정하게 있는 것은 아닙니다. 그러나 성도들이 흔히 말하길 기도하는 교회에서는 특유의 기도 향기가 난다고 하니 그저 지어낸 괜한 말은 아닐 것입니다. 실제로 기도하는 교회를 방문해보면 그것이 무슨 향기인지 알 듯합니다.

나는 교회를 개척하고서 어떻게 하면 기도하는 교회로 세울 수 있을지 많은 고민을 했습니다. 그런데 의외로 방법은 간단했습니다.

"자기 양을 다 내놓은 후에 앞서 가면 양들이 그의 음성을 아는 고로 따라오되" 요 10:4

목자가 먼저 가면 양이 뒤따라온다는 것입니다. 다시 말해 목사가 먼저 기도하면 양들도 함께 기도 자리로 나아온다는 뜻입니다. 실제로 내가 먼저 기도의 열심을 냈더니 자연스럽게 기도하는 교회로 바뀌어가고, 교회는 기도의 향으로 가득 채워지게 되었습니다.

과거 한국교회에는 강력한 성령의 역사가 많이 나타났습니다. 그러나 지금은 성령의 불이 식어 그 역사가 소멸되어 가고 있습니다. 이제 한국교회는 비대해진 규모와 조직에 비해 너무나도 약해진 기도의 지속성과 연속성을 회복해야 합니다. 과거의 뜨거웠던 기도를 다시 장착해야 합니다.

실제로 과거 불같이 기도했던 교회들과 기도원의 기도가 줄어들면서, 기도를 갈망하지만 어느새 기도하는 방법을 잊어버린 성도들이 많습니다. 이것은 동시에 성도들이 세상을 이길 능력을 잃어버린 것을 뜻하기에 심각한 문제입니다.

그렇기에 오늘날은 더더욱 기도의 법칙을 깨달은 사람이 절실히 요구되는 것입니다. 이 시대는 기도의 법칙을 통해 매일 은혜의 보좌에서 공급되는 힘으로 세상을 이기며 사는 능력의 사람이 필요합니다.

"그러므로 우리는 긍휼하심을 받고 때를 따라 돕는 은혜를 얻기 위하여 은혜의 보좌 앞에 담대히 나아갈 것이니라" 히 4:16

🌱 새벽마다 드린 선포기도

교회를 개척한 뒤 매일 새벽예배를 마칠 때 주기도문 대신 선포했던 기도문이 있었습니다.

선포기도문 1

나에게 번영과 번성, 영광, 그리고 놀라운 축복의 문이 열릴지어다. 나는 범사가 잘되고 평안해졌다.

나는 올 한 해 하나님께서 주실 모든 풍성한 것으로 인해 기뻐하고 즐거워한다. 나는 올 한 해 내 인생에서 가장 큰 행복과 갑절의 축복, 완전한 평강으로 인해 하나님께 감사한다. 나는 올 한 해 내 인생에서 갑절의 은혜와 갑절의 기름부으심으로 인해 내 영혼이 잘되고 강건하며 형통하게 되었으며, 내 삶의 모든 일이 형통하고 잘된다. 나는 지금 이 순간부터 예수 그리스도의 영광을 위해 온 세상을 강타할 위대한 하나님의 역사와 사역의 중심이 된다.

나는 오늘 마음을 다하고 뜻을 다하고 힘을 다하여 하나님 아버지께 감사드린다. 아버지께서 예수 그리스도로 말미암아 나의 모든 필요를 채워주셨기 때문이다.

나는 오늘 하나님 아버지를 나의 피난처로 삼음으로 어떤 상황에서도 견고하며, 예수 그리스도의 이름으로 천군천사들이 나를 보호함으로 어떤 화도 나와 내 가족과 일들과 교회와 모든 사역에 미치지 못함으로 인해 감사한다. 나는 나를 해하며 치려고 제조된 모든 연장이 쓸모가 없게 되었음을 믿으며, 일어나 나를 대적하는 모든 저주의 말과 합세한 모든 어둠의 권세는 멈출 것을 나사렛 예수의 이름으로 명한다.

나는 내 안에 계신 성령님을 주신 아버지 하나님께 감사드리며 내 안에 계신 성령님께서 오늘도 내게 말씀해 주실 것으로 인해 감사드린다. 성령님, 오늘 성령님께서 예정하신 길로 나를 인도해 주옵소서.

나는 오늘 내게 풍성한 지혜를 주신 하나님께 감사드린다. 오늘도 내게 아낌없이 주님의 지혜를 부어주심을 감사드린다. 나는 오늘도 지혜와 계시의 영을 따라 살며 언제나 나를 완전한 샬롬의 길로 인도하시는 성령님과 연합되었다.

나는 오늘 나의 죄와 질병을 담당하신 예수님을 보내주신 하나님께 감사드린다. 예수님이 채찍에 맞으심으로 나는 구원을 받았고 또한 치유되었다. 내 영혼이 구원을 받고 잘된 것처럼 나는 오늘 완벽한 건강으로 형통하게 되었다.

이 모든 말씀 예수 그리스도의 이름으로 선포하며 기도드립니다. 아멘.

개척한 이듬해 아내가 고속도로에서 운전을 하던 중에 갓길에 세워진 차량을 들이받는 사고를 냈습니다. 아내의 차는 충돌로 튕겨서 편도 4차선의 중앙분리대에 가서 부딪치고는 겨우 멈춰 섰습니다. 결국 차량 좌우측이 동일하게 반파되고, 당시 자차보험을 들지 않은 터라 수리비용 견적이 너무 많이 나와 폐차하게 되었습니다. 그런데 놀라운 것은 사고 당사자인 아내는 아무런 상처도 없었고, 심지어 그 사고 바로 직전에 '브레이크 밟아야지' 하는 생각이 순간적으로 들었다는 것입니다.

  사고 후에 아내는 새벽마다 선포기도를 한 것이 보호기도요 명령기도였다는 것을 깨달았습니다. 아무것도 모르고 새벽마다 기도하며 선포했던 기도로 인해 위기의 순간에 하나님께서 천사를 보내어 생명싸개로 덮어 보호해 주셨다는 것을 믿게 되었습니다.

    "여호와의 천사가 주를 경외하는 자를 둘러 진 치고 그들을 건지시는도다" 시 34:7

  나 역시 새벽예배 때마다 "나는 오늘 하나님 아버지를 나의 피난처로 삼음으로 어떤 상황에서도 견고하며, 예수 그리스도의 이름으로 천군천사들이 나를 보호함으로 어떤 화도 나와 내 가족과 일들과 교회와 모든 사역에 미치지 못함으로 인해 감사한다. 나는 나를 해하며 치려고 제조된 모든 연장이 쓸모가 없게 되었음을 믿으며 일어나 나를 대적하는 모든 저주의 말과 합세한 모든 어둠의 권세는 멈출 것을 나사렛 예수의 이름으로 명한다"라고 기도했던 선포기도문 때문이라고 믿습니다.

  저는 선포기도를 하면서도 솔직히 내 인생과 사역에 얼마나 놀라운 역사가 일어날지는 예상치 못했습니다. 선포기도문 중 "나는 올 한 해 내 인생에서 갑절의 은혜와 갑절의 기름부으심으로 인해 내 영혼이 잘되고 강건하며 형통하게 되었으며, 내 삶의 모든 일이 형통하고 잘된다. 나는 지금 이 순간부터 예수 그리스도의 영광을 위해 온 세상을 강타할 위대한 하나님의 역사와 사역의 중심이 된다"는 내용은 개척교회 목사가 감히 꿈도 꿀 수 없는 것이었지만, 나는 그럼에도 새벽마다 선포하며 기도했습니다. 그리고 지난 1년여간 임계점 기도를 통해 선교지와 한국교회를 섬기는 사역을 꾸준히 하게 되면서 선포기도의 능력을 실제로 경험하게 되었습니다.

제가 교회를 개척하고서 주목한 일은 가정사역입니다. 마지막 때 작은 교회인 가정을 바로 세우는 것이 하나님의 뜻이요, 하나님을 경외하는 가정이 복을 받는다는 것을 믿기 때문입니다. 그래서 성도들과 함께 가정에 관한 선포기도를 계속해서 드렸습니다.

선포기도문 2

나는 나의 주 예수 그리스도의 십자가 보혈의 은혜와 하나님의 사랑으로 가난의 저주에서 벗어나 아브라함의 복을 받아 믿음과 물질과 능력의 거부가 되었습니다.

나는 다윗의 복과 요셉의 창고와 담을 넘는 복을 받았습니다.

"사랑하는 자여, 네 영혼이 잘됨같이 네가 범사에 잘되고 강건하기를 내가 간구하노라."

나는 믿음의 거부가 되었습니다. 나는 이삭의 노복과 백 배의 복을 받았습니다. 나는 하나님의 풍성함의 복을 받아 물질의 거부가 되었습니다. 나는 아브라함의 복을 받아 물권, 영권, 인권의 거부가 되었습니다. 나는 하나님께 헌신과 사명과 기도와 성령과 능력의 거부가 되었습니다. 나는 물질을 사용하여 주님의 아름다운 복음의 향기로 이 나라와 세계 열방의 증인 된 역사를 만들었습니다.

나는 하나님의 은혜를 받아서 전도와 헌신과 봉사와 기도와 찬양과 사랑과 사역에 거부가 되었습니다. 나는 아브라함과 이삭과 야곱과 요셉과 다윗과 엘리야와 에스더와 마리아의 복을 받았습니다. 나는 아브라함과 다윗 왕국과 요셉의 창고의 부요와 재물과 존귀와 영광의 여호와의 복을 받아서 가문과 선교와 교회와 나라와 구제와 복지와 문화와 기타 등에 사역하는 사랑의 거부가 되었습니다.

나는 존귀와 명예의 거부가 되었습니다. 나는 다윗 왕국의 다스림의 복을 받았고 열방과 이웃과 가문을 사랑하며 그들에게 태평성대를 이루게 합니다. 나의 가문은 세세토록 하나님의 복을 받습니다. 나의 일평생과 가문이 세세토록 하나님께 영광을 올려 드리는 축복을 받았습니다. 나는 성령 충만, 사랑 충만, 찬양 충만, 사역 충만, 선교와 구제와 복지 충만, 행복 충만, 축복 충만의 충만한 거부가 되었습니다.

나는 영육과 일생에서 어둠과 그림자가 전혀 없는 축복을 받았습니다. 나는 하나님의 모든 복과 모든 평강의 복을 받아 모든 사람들과 세상에 존귀한 자가 되었습니다. 나는 수많은 사람들을 전도하여 하나님께로 인도하는 복을 받았습니다. 나의 교회와 성읍과 사역과 가문과 일생은 여호와의 은사를 받았습니다.

"그들이 와서 시온의 높은 곳에서 찬송하며 여호와의 복 곧 곡식과 새 포도주와 기름과 어린 양의 떼와 소의 떼를 얻고 크게 기뻐하리라 그 심령은 물 댄 동산 같겠고 다시는 근심이 없으리로다 할지어다."

나는 항상 화평과 회복의 역사의 복을 받았습니다. 나는 세계 선교, 구제, 복지, 그리고 문화사역의 복을 받아 수많은 교회를 세우고 수많은 사역을 하였습니다. 나는 물권, 영권, 재능권, 말씀권, 축복권, 신유권, 은사권의 복을 받아 하나님의 일에 쓰고 남는 축복을 받았습니다. 나는 하나님께 나의 사명을 능히 잘 감당하는 복을 받았습니다.

나는 가정과 가문에 여호와의 복이 세세토록 임하여 넘치는 복을 받았습니다. 나는 내 가정과 가문과 하나님의 교회와 성읍과 사역과 일생이 여호와의 만복이 충만한 은혜를 받았습니다.

나는 계속 하나님의 사명을 감당하는 일에 부요와 재물이 쓰고 남는 복을 받았습니다. 나의 일생과 사역과 가정과 가문에 하나님이 복 주고 복 주며, 번성케 하고 번성케 하는 복을 받았습니다.

나의 가정은 사랑과 덕망과 존귀와 존영과 부귀와 영광으로 충만합니다. 나의 가정은 하나님을 섬기며 교회와 성도들을 섬기며 이웃을 섬기는 행복과 희락이 넘치는 하나님의 헵시바와 뿔라가 되었습니다. 나의 가정은 포도나무요 시온과 예루살렘의 복입니다.

나는 오직 주님만 온전히 헌신적으로 섬기는 가문의 복을 받았습니다. 하나님은 나의 가정과 자녀들을 아름답고 존귀하고 보배롭고 진실하게 축복하셨습니다.

나의 자녀들은 장사의 수중에 있는 전통의 화살입니다. 나의 자녀들은 요셉의 축복을 받아서 차고 넘치는 복된 열매로 담을 넘는 복을 받아 이웃에게 사랑의 아름다운 일들을 합니다. 하나님은 나의 자녀들에게 지혜와 명철과 총명과 슬기와 근신으로 축복하셨습니다. 나의 자녀들은 주님의 아름다운 은총과 은혜로 이 나라와 세계 만민 앞에 존귀한 머리가 되는 복을 주셨습니다.

나는 자식의 자식을 보는 복을 받았습니다. 나는 나의 가정과 가문이 세세토록 천대 만대 여호와의 복이 차고 흘러 넘치는 아브라함과 다윗의 혈통의 복을 받았습니다.

나는 부모님을 공경하는 복을 받았습니다. 나의 부모님은 노후에도 모든 평강과 모든 건강과 장수와 은혜와 찬송과 영광으로 믿음의 거부, 행복의 거부, 물질의 거부의 축복을 받았습니다.

나의 부모님과 가정과 가문에 모든 명예를 회복한 복을 누리는 은혜를 받았습니다.

나의 가문은 모든 사람들이 부러워하는 하나님의 축복이 넘치는 복을 받았습니다. 하나님은 나의 일생과 나의 가정과 나의 생업과 나의 사명과 나의 사역과 나의 가문과 나의 명예를 세상에서 존귀한 자의 이름같이 존귀하게 하는 복을 주셨습니다.

하나님은 내 원수의 목전에서 나에게 상을 차려 주셨습니다. 하나님께서 나의 가문에 기름을 부으심으로 내 잔이 넘치는 복을 주셨습니다. 하나님은 나의 모든 일생을 다윗과 같이 백전백승하여 다윗 왕국을 이루어서 태평성대의 복을 주셨습니다.
이 모든 말씀 예수 그리스도의 이름으로 선포하며 기도드립니다. 아멘.

(정연동 목사의 『다윗의 왕국』에서 발췌)

어느 날, 우리 교회 집사님 한 분이 친구의 이야기를 전해주면서 중보기도를 요청했습니다. 교회에 다니던 그분은 첫아이를 낳은 후 (어쩐 일인지는 모르겠으나) '잉태치 말라'는 저주의 말을 목회자에게서 듣고 몸도 마음도 두려움에 묶인 채 심한 고통을 겪으며 살고 있었습니다. 그 이야기를 들으면서 이런 일이 한국교회에 비일비재하다는 생각을 했습니다. 축복해야 할 목회자의 입술이 성도가 순종치 않는다는 이유로, 또 교회를 떠난다는 이유로 저주의 입술로 바뀌어 성도에게 너무나 돌이킬 수 없는 상처를 남기는 것입니다. 새벽기도 시간에 그분을 위해 중보기도를 드리는데 얼마나 가슴이 아프고 눈물이 나던지 나중에는 기도문을 써서 선포하며 중보기도를 했습니다.

선포기도문 3

　나는 예수의 피로 죄 씻음을 받고 믿음으로 의로워졌음을 믿고 내 몸을 산 제사로 드리오니 받으시고 성령님 오셔서 충만히 기름 부어주옵소서.

　내 마음과 생각을 굴복시키오니 내 심령과 육체 위에 임하심으로 성령을 충만케 하셔서 의심과 두려움의 영에 떨지 않게 하시고 오직 주께만 순종하는 삶이 되게 하소서.

　그동안 나 자신을 무가치하게 여긴 것, 두려움의 영과 죄의식에서 자유함이 없었던 것을 회개합니다. 이제는 종교적인 거짓 영을 예수의 이름으로 묶고, 제도와 습관과 지식을 묶고, 믿음과 기름부음의 확신이 넘치게 하옵소서.

　내가 예수의 이름으로 명하노니, 그동안 나의 영의 눈을 덮고 육의 눈과 혼의 눈으로 보게 만든 원수들아, 고질적인 것들아, 고질적인 병들아, 나쁜 습관과 악한 생각들을 예수의 이름으로 쪼개버리니 지금 나에게서 떨어져 나갈지어다. 예수의 피로 깨끗하고 정결케 될지어다.

　사랑의 하나님 아버지!

　머리를 맑게 하시고 가슴을 깨끗하게 하옵소서. 더는 나의 생각과 마음에 악의 싹이 나지 못하도록 뿌리째 뽑아주옵소서. 없애버려 주옵소서. 제거될지어다!

　사랑의 하나님 아버지! 역사해 주옵소서. 불쌍히 여겨 주옵소서. 오! 사랑의 하나님 아버지, 나를 도와주옵소서.

성령 안에서 기도만 하면 그대로 될 것을 믿고 기도하오니 주 안에서 놀라운 이적과 능력이 나타나게 도와주옵소서.

하나님의 말씀이 내 사상이 되고, 내 인격이 되고, 하나님 말씀이 내 심령을 사로잡아 나의 지식과 경험의 전부가 되게 하옵소서.

내가 너를 들어 세우리라 하셨으니 주께서 그 말씀대로 행하시고 결코 나를 떠나지 마옵소서. 그리고 성령의 뜻이 내 안에 나타나도록 나의 생각과 마음이 하나님의 말씀 안에 거하게 하옵소서.

말씀으로 영안을 열어 주셔서 더욱 깊이 있고 보람 있는 일을 감당케 하옵소서. 믿음 안에서 내가 감당할 수 없는 환경은 없을 것이며 더 좋은 일이 나의 삶에 생겨날 것을 선포합니다. 주님은 나의 방패시며, 나의 힘이시고, 나의 능력이시니 나의 모든 것을 행하실 사랑의 하나님을 찬양합니다.

이 모든 말씀 예수 그리스도의 이름으로 선포하며 기도드립니다. 아멘.

🌱 선포를 넘어 명령으로

임계점 기도는 우리의 기도를 선포에서 명령의 기도로 바꾸어 줍니다.

구약에는 전 지구에 영향을 끼친 전쟁 이야기가 하나 있습니다.

그것은 모세의 수종인 여호수아가 치른 기브온 전쟁입니다. 당시 하나님께서 큰 우박으로 아모리 왕들과 적들을 치심으로 이스라엘의 칼날에 죽은 자보다 우박에 죽은 자가 더 많았던 것도 큰 의미가 있지만, 더 결정적인 것은 여호수아의 태양을 멈추는 명령 기도에 있습니다.

- "… 태양아 너는 기브온 위에 머무르라 달아 너도 아얄론 골짜기에서 그리할지어다" 수 10:12

지구의 자전을 멈춰 세운 여호수아의 창조적 사역은 태양을 향해 명령한 믿음의 기도에 근거한 것입니다. 우주의 운행과 천지의 법칙을 만드신 하나님도 이러한 여호수아의 명령에 너무도 놀라신 것 같습니다.

"여호와께서 사람의 목소리를 들으신 이 같은 날은 전에도 없었고 후에도 없었나니 이는 여호와께서 이스라엘을 위하여 싸우셨음이니라" 수 10:14

여호수아의 창조적 명령은 어디에서 나온 것일까요? 아니면 누구에게 배운 것일까요? 물론 모세의 기도와 영성을 통해 배운 것은 맞지만 더 자세한 이유는 구약성경에서 이렇게 소개하고 있습니다.

"사람이 자기의 친구와 이야기함 같이 여호와께서는 모세와 대면하여 말씀하시며 모세는 진으로 돌아오나 눈의 아들 젊은 수종자 여호수아는 회막을 떠나지 아니하니라" 출 33:11

이처럼 하늘의 태양과 달을 멈추게 하는 전무후무한 창조적인 믿음의 사역은 결국 하나님의 임재가 머무는 법궤가 있는 회막에서의 기도로 인해 가능했던 것입니다.

🌱 임계점 기도는 생각과 믿음과 꿈과 말이 변화되는 기도입니다

사람은 육신을 가지고 있지만 동시에 영적인 존재이기에 3차원(땅, 세상)에서 드리는 임계점 기도로 인해 4차원의 영성을 소유하게 되면 분명 이전에 경험하지 못한 새로운 삶을 누리게 됩니다. 조용기 목사님은 이것을 '4차원의 영적 세계'라고 정의했습니다.

하나님은 우리에게 3차원의 세계는 물론 4차원의 영적 세계를 다스릴 권세를 주셨습니다. 우리는 3차원에 속해 있지만 4차원의 영적 세계에 속한, 즉 하나님 편에서 3차원을 다스릴 수 있는 이 권세를 이용해야 합니다. 이것이 천국의 문을 여는 열쇠입니다.[2]

베드로가 받은 이 천국의 열쇠는 바로 기도의 권세입니다.

"또 내가 네게 이르노니 너는 베드로라 내가 이 반석 위에 내 교회를 세우리니 음부의 권세가 이기지 못하리라 내가 천국 열쇠를 네게 주리니 네가 땅에서 무엇이든지 매면 하늘에서도 매일 것이요 네가 땅에서 무엇이든지 풀면 하늘에서도 풀리라 하시고"마 16:18-19

교회의 권세는 예수 그리스도입니다. 예수의 이름을 의지하는 모든 기도에 음부의 권세는 굴복하게 됩니다. 땅의 문제를 묶고 푸는 권세가 기도하는 자에게 주어진 것입니다. 예수 이름의 권세가 얼마나 강력한 것입니까? 질병, 가난, 관계 등 세상의 모든 문제는 예수 이름의 권세로 기도하는 사람 앞에서 모두 술술 풀려나갈 것입니다.

"하나님이 그들에게 복을 주시며 하나님이 그들에게 이르시되 생육하고 번성하여 땅에 충만하라, 땅을 정복하라, 바다의 물고기와 하늘의 새와 땅에 움직이는 모든 생물을 다스리라 하시니라"창 1:28

나는 우리 교회 성도들에게 바다와 하늘과 땅의 사업을 일으키라고 도전합니다. 그래서 성도 중에는 직장에 다니면서도 작은 규모의 사업을 하는 분들이 많이 생겨나고 있습니다. 하다못해 시장에서 콩나물을 팔아도 사업인 것입니다. 하나님은 인간에게 하나님의 형상을 불어넣으셔서 창조하시고 바다와 하늘과 땅을 다스리고 정복하라고 명령하셨습니다.

병을 향한 명령기도

　너 사탄아. 눈과 귀를 멀게 하고 벙어리 되게 하고, 미치게 하고 중독시켜 사로잡고, 두려움으로 짓눌러 파멸하며 병들어 죽게 하는 악한 영과 귀신들아. 십자가의 승리로 너 마귀의 일을 멸하신 예수 이름의 권세로 대적하여 저주하며 꾸짖노니, 악한 영아, 떠나갈지어다! 침묵하라! 꼼짝 마라! 포로로 잡은 모두를 풀어라! 너는 재갈과 결박을 받고 조용히 나와 무저갱으로 떠나갈지어다!
　나는 정신병자를 포함해 눌린 모든 사람을 이 시간 자유케 한다.
　질병아. 너 질병은 마귀로부터 온 것이지 하나님의 뜻이 아니다. 그러므로 질병아, 나는 예수 이름으로 너를 꾸짖고 대적한다. 내게서 떠날지어다.
　"하늘과 땅의 모든 권세를 내게 주셨으니 너희는 가라"고 주님이 말씀하셨으며 이제 주의 권세가 내게 임했으니 예수 이름의 권세와 보혈의 능력으로 명한다! 질병의 고통과 질병아, 너를 꾸짖노라. 생명을 위협하고 삶에 지장을 주는 모든 질고와 허약함아, 떠나갈지어다.
　모든 종류의 이상체질, 암과 혈액병들, 에이즈, 나병, 면역이상

질환, 세균성 질환, 악한 바이러스, 진균, 어지럼증, 귀 울림, 만성두통, 만성피로, 극심한 통증의 고통들아, 이 시간 떠날지어다!

모든 환경병, 유전병, 선천성기형, 후천성 질병들아! 고혈압, 당뇨, 동맥경화, 협심증, 중풍, 관절염, 모든 수면장애, 약물중독, 알코올 중독, 정신병, 우울증, 공황장애, 대인관계장애, 강박증, 신경증, 노이로제, 치매, 파킨슨병과 그 증상들아, 이 시간 이후로 모든 것이 정상으로 돌아갈지어다! 뇌, 척수, 신경들의 염증과 종양과 기능 이상의 증상들, 내분비 질환들, 갑상샘, 부신, 자궁, 생식기의 질병들과 모든 여인의 불임이 이 시간 풀릴지어다!

모든 내장질환, 간염, 간경화, 간부전, 심부전, 협심증, 부정맥, 폐결핵, 천식, 호흡부전, 신장염, 네프로시스 증후군, 담낭, 소장, 위, 대장, 방광의 만성염증들, 모든 기능부전, 만성병들과 기능장애들, 상실된 기억, 시력, 청력은 회복될지어다! 눈, 코, 귀, 입의 모든 만성염증, 기능상실, 만성병들과 기능장애들, 모든 피부, 혈관, 신경, 근육, 골격계 질병들, 팔, 다리, 어깨, 허리의 모든 만성염증, 마비, 불구, 장애, 목, 어깨, 팔목, 손목, 손가락, 발가락, 발목, 무릎, 허리 통증들아, 지금 이 시간 떠날지어다! 아멘.

주의 권세 내게 임했네

"예수께서 나아와 말씀하여 이르시되 하늘과 땅의 모든 권세를 내게 주셨으니 그러므로 너희는 가서 모든 민족을 제자로 삼아 아버지와 아들과 성령의 이름으로 세례를 베풀고 내가 너희에게 분부한 모든 것을 가르쳐 지키게 하라 볼지어다 내가 세상 끝날까지 너희와 항상 함께 있으리라 하시니라" 마 28:18-20

한번은 경남 창원에 부흥회를 인도하러 간 적이 있습니다. 주일 저녁 집회를 인도하고 숙소로 돌아와 잠을 자려고 누웠는데 늦은 가을이라 실내 온도를 많이 올려놓아서인지 잠이 오지 않아 밤새 뒤척였습니다. 그러다 새벽녘에 잠깐 잠이 들었는데 약하게 가위에 눌리게 되었습니다. 그때 꿈에서 청년들이 기타를 치면서 만들고 있는 찬양곡이라며 한 소절을 들려주었습니다. 그런데 그 찬양을 듣는 순간 꿈인데도 한없는 평안이 마음에 밀려왔고 자유함을 경험하게 되었습니다.

너무나 신기한 꿈인 데다 꿈에서 들었던 찬양의 선율이 너무나도 생생해 흥얼거리며 녹음을 해두었습니다. 그리고 그날 점심 식사를 하면서 그 교회 담임목사님께 말씀드렸더니 웃으시면서 교회 주변에 무당집이 많다고 하시는 것이었습니다. 하여간 내 의지와는 상관없이 영적 전쟁을 겪으면서 꿈에 들었던 한 소절의 찬양을 기억하며 가사를 써보았습니다.

찬양곡 '주의 권세 내게 임했네'

하늘과 땅 주의 권세 아래 있네
하늘과 바다, 땅이 듣네
주의 능력 크고 강하시네 모든 세계가 주 앞에 순종해

하늘과 땅의 권세를 내게 주셨으니
너는 가라 모든 세상으로
주의 권세 내게 임했네
할렐루 할렐루야

하늘과 땅 지으신 주 하나님
그 위엄 앞에 순종하네
주의 이름 홀로 높으시니 모든 세계가 주 앞에 경배해

하늘과 땅의 권세를 내게 주셨으니
너는 가라 모든 세상으로
주의 권세 내게 임했네
할렐루 할렐루야

모든 찬송 모든 영광 모든 능력과 위엄 ×3
존귀하신 하나님
모든 영광을 우리 주께

하늘과 땅의 권세를 내게 주셨으니
너는 가라 모든 세상으로
주의 권세 내게 임했네
할렐루 할렐루야

주의 권세 내게 임했네

자! 이제 임계점 기도를 시작해봅시다.

함께 외칩시다!

"나는 이 기도를 실천해 꼭 변화를 받을 것입니다."

임계점 3시간 기도 찬양

임계점 3시간 기도의 법칙

성도는 거침없는 담대한 기도로 영적 무기력과 두려움을 떨쳐버려야 합니다. 오늘날 역동적인 삶으로 환경을 다스려야 할 성도들이 부르짖는 열정의 기도를 잃어버렸습니다.
다시 사자의 포효처럼 부르짖는 기도를 회복합시다.

세움 4

거룩성의 기둥

Pillar of Holiness

거룩성
잘라냄, 분리함을 의미하며 더러움과 분리된 상태

"거기서 내가 너와 만나고 속죄소 위 곧 증거궤 위에 있는 두 그룹 사이에서 내가 이스라엘 자손을 위하여 네게 명령할 모든 일을 네게 이르리라" 출 25:22

세움 4

거룩성의 기둥
(Pillar of Holiness)

🌱 거룩은 능력입니다

선지자 스가랴는 대제사장 여호수아가 하나님 앞에서 사탄의 참소를 받는 것을 환상 중에 보게 됩니다. 사탄이 여호수아를 참소한 것은 그가 더러운 옷을 입었기 때문이었습니다.

"여호수아가 더러운 옷을 입고 천사 앞에 서 있는지라" 슥 3:3

"여호와께서 자기 앞에 선 자들에게 명령하사 그 더러운 옷을 벗기라 하시고 또 여호수아에게 이르시되 내가 네 죄악을 제거하여 버렸으니 네게 아름다운 옷을 입히리라 하시기로" 슥 3:4

더러움을 벗고 아름다움과 거룩을 입는 능력은 하나님에게서 오며, 이것이 곧 세상을 이기는 성도의 무기입니다.

예수님이 다시 오실 때까지 성도들은 '낙심'이라는 사탄의 공격을 끊임없이 받게 됩니다. 사탄은 죄책감과 영적 게으름, 나태, 교만으로 성도들로 하여금 낙심이라는 무기력에 빠지게 합니다. 이 낙심을 성경은 '사망'이라고 규정합니다.

"사망아 너의 승리가 어디 있느냐 사망아 네가 쏘는 것이 어디 있느냐" 고전 15:55

항상 기도하지 않으면 이 낙심의 시험에 빠지게 되는 것입니다.

"예수께서 그들에게 항상 기도하고 낙심하지 말아야 할 것을 비유로 말씀하여" 눅 18:1

기도를 멈추는 순간 수많은 염려와 현실의 문제들로 침륜에 빠지게 됩니다. 사탄의 정죄는 멈추지 않습니다. 그들의 목표는 성도가 믿음의 자리에서 뒤로 물러가 멸망에 빠지는 것입니다.

"우리는 뒤로 물러가 멸망할 자가 아니요 오직 영혼을 구원함에 이르는 믿음을 가진 자니라" 히 10:39

🌱 하나님을 만나는 길, 거룩

죄의 유혹을 이기는 힘은 기도에서 나옵니다. 사역의 자유함도 매한가지입니다. 그런 의미에서 임계점 기도는 너무도 놀라운 자유함을 가져와 속사람을 강하게 하는 비결입니다.

동방의 의인이었던 욥은 하나님을 만나는 길이 거룩임을 알고 있었습니다. 그래서 자녀들의 생일잔치 후에는 성결을 위해 꼭 그들의 명수대로 번제를 드렸습니다.

> "그의 아들들이 자기 생일에 각각 자기의 집에서 잔치를 베풀고 그의 누이 세 명도 청하여 함께 먹고 마시더라 그들이 차례대로 잔치를 끝내면 욥이 그들을 불러다가 성결하게 하되 아침에 일어나서 그들의 명수대로 번제를 드렸으니 이는 욥이 말하기를 혹시 내 아들들이 죄를 범하여 마음으로 하나님을 욕되게 하였을까 함이라 욥의 행위가 항상 이러하였더라" 욥 1:4-5

욥은 또 자신도 하나님 앞에서 거룩하기 위해 자기 눈과 성결 언약을 맺고 스스로 절제했습니다.

> "내가 내 눈과 약속하였나니 어찌 처녀에게 주목하랴" 욥 31:1

사람은 보는 것으로 생각과 마음을 채우게 됩니다. 욥은 하루에도 수없이 스쳐 지나가는 여인들을 정욕의 눈으로 보지 않겠다는 결단으로 하나님 앞에 '거룩성의 기둥'을 세운 것입니다.

타락한 인간의 본성에는 죄성이 있습니다. 이 죄성은 한낱 피부에서부터 모든 감각에 이르기까지 죄의 생각을 일으킵니다. 그래서 죄의 생각을 잡는 것이 사역의 관건입니다.

많은 젊은 사역자가 이 죄의 생각을 이기지 못해 힘들어합니다. 그렇다고 부름을 받았으니 사역을 하지 않을 수는 없고 참으로 난감하고 안타까운 일입니다. 그런 경우를 만나게 되면 나는 이 죄성을 이기는 쉬운 방법을 가르쳐주고 스스로 훈련해 보라고 권합니다.

죄성을 잡아야 사역의 지경이 넓어집니다

중세 이탈리아 로마 가톨릭교회의 수사였던 아시시의 성 프란치스코는 죄의 생각이 마음에 떠오를 때마다 가시넝쿨에서 뒹굴었다고 합니다. 그렇다고 모든 사람이 그렇게 할 수는 없습니다.

사실 하루에도 오만 가지 생각이 우리의 머릿속에서 일어나는데 그중에는 죄, 잡념, 두려움 등 부정적인 것들이 많은 부분을 차지합니다. 근본적으로 죄악의 속성이 우리 안에 있기 때문입니다. 그렇기에 특히 성직자로 부름받은 사람은 더욱 이 죄성과 싸워야 합니다. 당장 심방이나 안수기도, 상담 등을 피한다고 해결되는 것이 아닙니다. 그래서 근원적인 죄성을 잡는 것이 중요합니다. 이 죄성이 잡혀야 사역이 열리고 지경이 넓어지는 것입니다.

예수 이름의 권세

나는 3시간의 임계점 기도를 통해 죄성의 생각들이 떠오를 때마다 '예수의 이름', '예수의 보혈'로 물리치며 생각을 사로잡아 그리스도께 복종시켜야 함을 알게 되었습니다. 새가 머리 위에 잠깐 앉는 것은 어쩔 수 없다 해도 머리에 둥지를 틀게 해서는 안 되는 것입니다. 죄의 생각이 떠오를 수는 있지만 그것을 붙잡으면 죄가 되는 것입니다.

최근에 만난 어떤 목회자는 기도만 하려면 잡념이 떠올라 평생 기도 시간이 30분을 넘긴 적이 없다고 하소연하는 것을 들었습니다. 주님의 권세로 죄성을 잡지 않으면 기도에 몰입할 수 없습니다.

> "내가 완전한 길을 주목하오리니 주께서 어느 때나 내게 임하시겠나이까 내가 완전한 마음으로 내 집 안에서 행하리이다"
>
> 시 101:2

🌱 임계점 3시간 기도의 탄생

'임계점 3시간 기도의 법칙'은 제가 젊은 시절부터 영성훈련으로 해오던 '40일 장기금식'이나 일주일에 3일씩(72시간) 했던 금식수련(약 13~14년 정도)의 결과가 아닙니다. 그동안의 영성훈련으로 다다르게 된 경지가 아니라는 의미입니다. 단지 누가 가르쳐주지 않아도 그렇게 했던 것뿐이며, 감추어져 있던 기도의 비밀을 깨달으면서 임계점 기도의 법칙을 발견하게 되었고, 실제로 이 기도를 통해 하나님의 기적과 부흥의 통로가 되는 것을 경험했습니다. 저는 이 임계점 3시간 기도의 법칙으로 인해 다시 한번 한국교회가 1907년의 대부흥과 1970~1980년대의 부흥으로 돌아가게 될 것을 확신합니다.

이제 임계점 3시간 기도의 법칙을 개인적인 체험을 바탕으로 설명하고자 합니다.

새벽마다 3시간의 기도를 드리기 시작하고 3개월쯤 지났을 때 어린이 사역 초청이 들어와 오산에 있는 광은기도원에 들렀다가 세계성막복음센터에서 성막체험을 하게 되었습니다. 그때 성막체험을 통해 신기하게도 퍼즐이 맞추어지듯 3시간의 기도와 성막의 뜰, 성소, 지성소에 대한 영감을 받았습니다. 그렇게 해서 '임계점 3시간 기도의 법칙'이 탄생했습니다. 이 임계점 기도를 성막의 3단계, 즉 뜰, 성소, 지성소를 통해 설명하려고 합니다.

성막 전경

성막은 뜰, 성소, 지성소의 3단계로 되어 있는데 이는 3단계의 기도의 법칙을 말해줍니다. 나중에 이미 '성막기도의 원리'가 있음을 알게 되었지만, 다음의 내용은 순전히 제가 스스로 3시간 기도하는 과정에서 경험한 것입니다.

🌱 임계점 기도의 1단계: 성막 뜰에서 기도하기

1단계 기도에는 대체적으로 1시간의 시간이 소요됩니다.

성막 안으로 들어가면 첫 번째로 만나는 것이 놋제단(번제단)과 물두멍입니다. 놋은 죄를 의미하므로 1단계에서는 제단 위에서 태울 짐승의 각을 뜨듯 생각과 죄성을 잡아야 합니다.

분주하고 시끄러운 환경이 어찌 보면 기도자의 상태와 같습니다.

죄성으로 가득한 우리의 생각과 마음과 육체는 기도의 자리로 들어가기가 만만치 않습니다. 임계점 기도의 시작은 바로 이러한 환경을 이기고 기도의 자리로 나아가는 데 있습니다. 매번 기도가 잘될 수는 없습니다. 그렇기에 마음과 뜻과 힘을 다해 기도에 집중해야 합니다.

"너는 마음을 다하고 뜻을 다하고 힘을 다하여 네 하나님 여호와를 사랑하라" 신 6:5

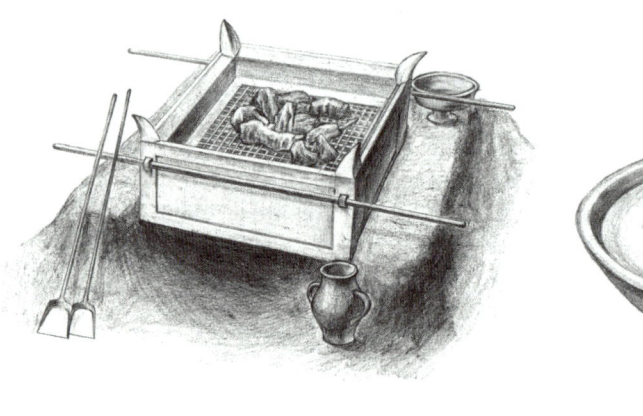

번제단

물두멍

물두멍 - 손 씻는 곳

물두멍

물두멍은 성소로 들어가기 전 손에 묻은 피를 씻는 곳(출 30:20, 40:12)으로 죄를 회개하는 과정을 의미합니다. 이때는 자신을 돌아보며 집중해서 기도해야 합니다.

> "땅에 있는 지체를 죽이라 곧 음란과 부정과 사욕과 악한 정욕과 탐심이니"골 3:5

두려움, 걱정, 근심, 비방, 판단, 정죄, 용서하지 못함, 혈기, 분노, 다툼, 시기, 질투, 미움, 교만, 죄의 생각, 담배, 알코올, 쾌락, 게임, 인터넷 중독 등 양심에 가책이 되는 죄와 일상에서 마음으로 지은 죄를 낱낱이 고하며 회개해야 합니다.

> "이는 세상에 있는 모든 것이 육신의 정욕과 안목의 정욕과 이

생의 자랑이니 다 아버지께로부터 온 것이 아니요 세상으로부터 온 것이라" 요일 2:16

로켓이 발사대에 있는 동안에는 외부에서 중력이 작용합니다. 그런데 일단 발사되면 그 모든 중력을 이기고 하늘로 솟구쳐 오릅니다. 연료를 태워 뒤로 밀어내면서 앞으로 가속되는 추진력을 얻는 원리입니다. 물론 로켓이 발사되는 추진력을 만들기 위해서는 많은 연료를 태워야 합니다. 이와 마찬가지로 1단계에서의 기도는 많은 힘을 들여 뚫고 나가야 합니다. 이 땅의 모든 물체에 중력이 작용하듯 성도들의 삶에도 아래로 당기고 누르는 세력이 분명히 있습니다. 그래서 기도의 임계점으로 나아가기 위해서는 1단계에서 육체적으로나 영적으로나 힘을 많이 소진할 수밖에 없는 것입니다.

번제단 – 제물의 각을 떠서 불태워 드리는 곳

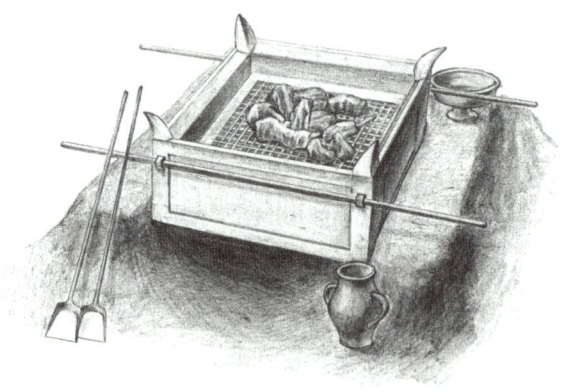

번제단

번제단은 백성들이 속죄용으로 가져온 짐승들을 잡아 태우는 곳입니다.

죄의 생각과 잡념이 떠오를 때 각을 뜨듯이 잘라내고 불태워야 합니다. 그럴 때는 기도 중에 '예수!'라고 짧게 소리치며 돌파해 나가면 됩니다.

> "그러므로 예물을 제단에 드리려다가 거기서 네 형제에게 원망 들을 만한 일이 있는 것이 생각나거든 예물을 제단 앞에 두고 먼저 가서 형제와 화목하고 그 후에 와서 예물을 드리라"
>
> 마 5:23-24

성경은 하나님께 나아가기 전에 형제와 화목을 이룰 것을 명령합니다. 그러나 우리는 관계적인 문제가 있어도 아무런 회개나 해결하는 시간도 없이 기도의 자리로 나아가는 경우가 많습니다. 결과적으로 그 기도는 막혀 결코 하나님께 이를 수 없게 됩니다.

> "남편들아 이와 같이 지식을 따라 너희 아내와 동거하고 그를 더 연약한 그릇이요 또 생명의 은혜를 함께 이어받을 자로 알아 귀히 여기라 이는 너희 기도가 막히지 아니하게 하려 함이라"
>
> 벧전 3:7

매번 임계점 기도로 나아갈 때마다 회개를 계속해야 하는 것은 아닙니다. 물론 반복적인 죄는 회개의 기도가 필요하겠지만 기도의 법칙을 깨달은 사람은 죄의 심각성을 알고 있기에 더욱 민감하게 죄와 싸우게 됩니다.

한번은 새벽에 임계점 기도를 드리고 있는데 누군가를 미워했던 마음이 생각나서 그 문제를 붙잡고 회개했고, 기도를 마친 후에는 그 사람을 찾아가 사과함으로 나의 기도를 막고 있는 죄를 처리한 적이 있습니다. 혹시 그 대상이 어린아이일지라도 분명한 해결이 필요합니다.

"내가 나의 마음에 죄악을 품었더라면 주께서 듣지 아니하시리라" 시 66:18

그러나 지나치게 많은 생각으로 기도의 흐름을 놓쳐서는 안 됩니다. 임계점 기도는 복잡한 기도가 아닙니다. 기도 중에 많은 생각은 오히려 기도에 집중하지 못하게 방해합니다.

기도는 결코 힘든 일이 아니라 참으로 재미있고 기대되는 일입니다. 그런데 우리 육체는 그것을 거부하고 오해해 그날의 기분에 따라 기도를 하거나 하지 않고, 또 길게 하거나 짧게 합니다. 그러나 로켓이 대기권에 진입하면 더는 바람과 공기의 저항을 받지 않듯이 1단계인 1시간의 기도를 지나면 그런 단계에 이르게 됩니다. 대부분 기도의 분량을 사람이 정한다고 생각하지만 실은 하나님이 정하신다는 사실은 다음의 2단계로 들어가면 더욱 실감할 수 있습니다.

🌱 임계점 기도 2단계: 성소 안에서 기도하기

2단계 기도에는 대체적으로 2시간이 소요됩니다.

성소 안에는 오른쪽(북쪽)으로 떡상(출 26:35)이 있고, 맞은편(남쪽)에 정금 등잔대(출 26:35, 25:31-40)가 있으며, 두 번째 휘장 앞에 분향단(출 30:1-6)이 놓여 있습니다.

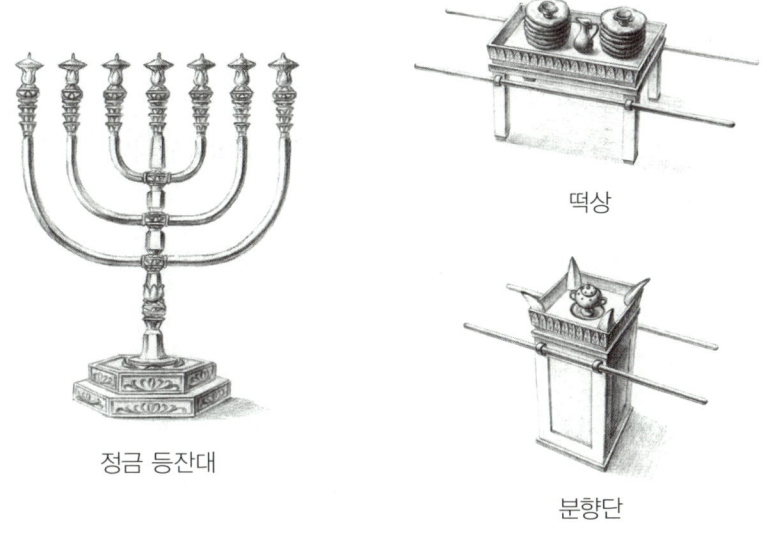

정금 등잔대

떡상

분향단

임계점 기도의 2단계인 2시간 이상의 기도에 들어가면 성령의 기름부으심은 물론 말씀의 계시와 영감이 임합니다.

사실 어제오늘 일은 아니지만 인터넷과 텔레비전에서 한 주에 2만 편 이상의 설교가 쏟아져 나옵니다. 그러다 보니 목회자들의 설교 표절이 자주 문제가 되고 있는데, 임계점 기도 2단계에 들어가면 이러한 문제도 극복할 수 있습니다. 성령의 기름부으심과 더불어 말씀의 영감이 임하기 때문입니다. 또 2단계 기도에서는 중보기도의 시간으로 들어가게 됩니다.

임계점 기도 2단계를 통해 나타나는 결과를 정리하면 다음과 같습니다.

* 설교에 은혜가 임합니다.
* 설교에 대한 아이디어가 생기고 자신감이 회복됩니다.
* 갖가지 은사가 임합니다.
* 충분히 기도하면 남을 위한 중보기도가 열립니다.

성소 안에서 기도하면 천사들이 수종을 듭니다

성소 안 휘장에는 청색, 자색, 홍색 실과 가늘게 꼰 베실로 그룹(천사)들을 정교하게 수놓았는데, 2단계 성소에서 기도하기는 마귀가 떠나고 천사들이 수종 드는 기적의 때임을 말해줍니다.

"너는 청색 자색 홍색 실과 가늘게 꼰 베실로 짜서 휘장을 만들고 그 위에 그룹들을 정교하게 수놓아서" 출 26:31

성소부터 지성소까지 덮은 내부 앙장(仰帳)에도 천사들이 정교하게 수놓여 있었습니다.

"너는 성막을 만들되 가늘게 꼰 베실과 청색 자색 홍색 실로 그룹을 정교하게 수놓은 열 폭의 휘장을 만들지니" 출 26:1

성소 내부

성소 내부

휘장에 수놓은 천사들은 마치 성소에서 사역을 수행하는 제사장들의 위를 날고 있는 것처럼 날개를 활짝 펴고 있는 모습을 하고 있습니다. 그리고 제사장들의 일거수일투족을 지켜보는 듯한 자세를 취하고 있습니다.[3]

이것은 임계점 기도로 들어가는 두 번째 단계인 2시간 기도의 상징적인 의미를 담고 있습니다. 즉, 우리의 기도가 2시간이 넘는 시점에서 천사들이 움직인다는 사실입니다. 그리고 보면 성소 안에 천사들의 모습이 수놓아져 있다는 것은 참으로 비밀스러운 메시지가 담겨 있는 것이 분명합니다.

휘장에 수놓은 천사들 문양

떡상에 올린 진설병

떡상에는 항상 따뜻한 떡이 안식일마다 올라갔는데, 이는 이스라엘 자손을 위한 것이요 영원한 언약이라고 말씀하셨습니다. 그러니 하나님이 주시는 떡, 즉 말씀을 받아야 하는 것입니다.

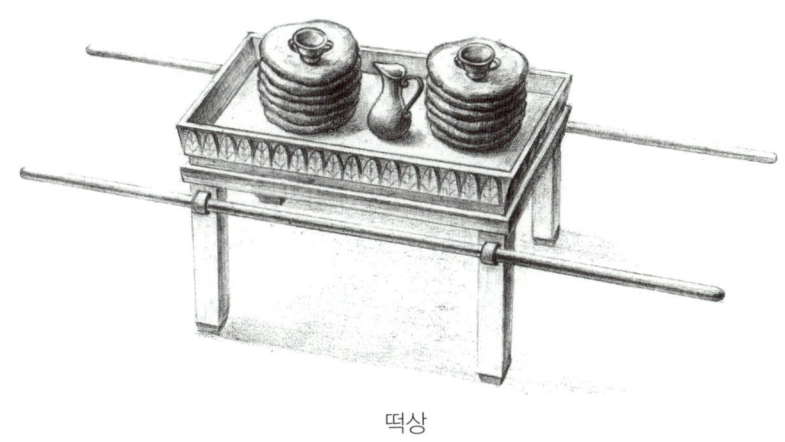

떡상

"너는 고운 가루를 가져다가 떡 열두 개를 굽되 각 덩이를 십분의 이 에바로 하여 여호와 앞 순결한 상 위에 두 줄로 한 줄에 여섯씩 진설하고 너는 또 정결한 유향을 그 각 줄 위에 두어 기념물로 여호와께 화제를 삼을 것이며 안식일마다 이 떡을 여호와 앞에 항상 진설할지니 이는 이스라엘 자손을 위한 것이요 영원한 언약이니라 이 떡은 아론과 그의 자손에게 돌리고 그들은 그것을 거룩한 곳에서 먹을지니 이는 여호와의 화제 중 그에게 돌리는 것으로서 지극히 거룩함이니라 이는 영원한 규례니라" 레 24:5-9

언젠가 세미나에 참석하신 사모님 한 분이 남편 목사님을 꼭 한 번 만나 달라는 요청을 하셨습니다. 얼마 후 두 분은 함께 우리 교회를 방문하셨고, 나는 긴 시간 교제를 나누면서 떡상에 대해 설명해 드렸습니다. "안식일마다 따뜻한 떡이 올라가듯 목회자는 하나님께서 영감으로 주신 말씀을 받아 그것을 교회 성도들과 나눌 수 있도록 준비해야 합니다." 마지막 설명을 마치자 목사님의 눈가가 어느새 촉촉해지더니 진심으로 감사하다는 말씀을 하셨습니다. 무슨 말씀이 목사님께 그렇게 은혜가 되었던 것일까요?

비교적 늦게 목사로 부름받아 사역을 감당하면서 설교에 대한 부담감이 있었음이 분명했습니다. 그래서 기도 중에 주시는 말씀이나 단어들을 붙잡고 묵상하며 설교를 준비하면 그것이 그 교회와 성도들에게 필요한 은혜의 말씀이 된다는 이야기에 아마 깨달은 바가 있었던 것 같습니다.

요즘처럼 설교가 넘쳐나는 때에 오히려 성도들은 더욱 말씀에 갈급해하고 있습니다. 이것이 마지막 때의 징조입니다.

"주 여호와의 말씀이니라 보라 날이 이를지라 내가 기근을 땅에 보내리니 양식이 없어 주림이 아니며 물이 없어 갈함이 아니요 여호와의 말씀을 듣지 못한 기갈이라 사람이 이 바다에서 저 바다까지, 북쪽에서 동쪽까지 비틀거리며 여호와의 말씀을 구하려고 돌아다녀도 얻지 못하리니 그날에 아름다운 처녀와 젊은 남자가 다 갈하여 쓰러지리라" 암 8:11-13

목회자는 평소에 말씀을 많이 읽어야 합니다. 요즘은 속독으로 읽어주는 앱(App)도 많이 있고, 기독연예인들이 재능(목소리)을 기부해 만든 '드라마 바이블' 같은 무료 앱도 있으니 잘 활용할 수 있을 것입니다. 물론 성경은 눈으로도 봐야 하지만 소리 내어 읽는 것도 여러모로 유익합니다. 우리 교회는 주일오후예배 후 별도로 자원자에 한해 1시간 30분~2시간씩 함께 통독하고 있는데, 처음엔 힘이 들었지만 점점 은혜가 되고 너무도 진지한 모습에 목회자인 제가 오히려 도전을 받습니다.

> "그러므로 믿음은 들음에서 나며 들음은 그리스도의 말씀으로 말미암았느니라" 롬 10:17

성경은 믿음은 들음에서 난다고 말합니다. 성경을 많이 읽는 것은 설교 준비와 기도에서 매우 중요하며, 영적 분별력과 균형 잡힌 영성을 유지하는 데도 결정적인 역할을 합니다. 또 성경은 소리 내어 읽을 때 더욱 은혜로우며 능력을 체험할 수 있습니다. 임계점 기도를 시작하기 전 항상 성경을 읽는 것은 매우 유익합니다.

순금 등잔대

순금 등잔대에는 감람으로 짠 순수한 기름을 채워 넣어 저녁부터 아침까지 성막을 밝히게 했습니다. 이것은 하나님께서 성도에게 성령의 기름을 계속 충만히 부어주시는 것을 의미합니다.

순금 등잔대

"너는 또 이스라엘 자손에게 명령하여 감람으로 짠 순수한 기름을 등불을 위하여 네게로 가져오게 하고 끊이지 않게 등불을 켜되" 출 27:20

임계점 기도 2단계인 2시간 기도에는 창조성에 관한 놀라운 기름 부으심이 있습니다. 사업가나 예술 또는 창작과 관련된 일을 하는 사람에게는 특히 이러한 창조적 영감이 절실히 필요할 것입니다. 그래서 그런 분들은 더욱 2단계 기도에 들어가기를 권합니다.

순금 분향단 – 기도의 향연

　순금 분향단은 순금으로 네모 반듯하게 만들어진 단으로 제사장의 직무 중 하나가 여기에 향을 계속 피우는 것이었습니다. 여기서 분향단의 향은 성도들의 기도를 예표합니다.

> "… 향이 가득한 금 대접을 가졌으니 이 향은 성도의 기도들이라" 계 5:8

> "또 다른 천사가 와서 제단 곁에 서서 금 향로를 가지고 많은 향을 받았으니 이는 모든 성도의 기도와 합하여 보좌 앞 금 제단에 드리고자 함이라 향연이 성도의 기도와 함께 천사의 손으로부터 하나님 앞으로 올라가는지라" 계 8:3-4

순금 분향단

성도들의 기도가 향으로 보좌 앞으로 올라가는데 천사들이 그것을 금대접에 담아 하나님께 올린다는 것입니다. 이는 2단계에서 드리는 성도들의 기도는 모두 하나님이 귀하게 받으신다는 의미입니다.

휘장을 넘어가는 향연

다윗도 시편 141편 2절에서 "나의 기도가 주의 앞에 분향함과 같이 되며 나의 손 드는 것이 저녁 제사같이 되게 하소서"라고 고백하며 분향단의 향이 기도를 의미함을 확인해줍니다. 더 중요한 사실은 이 분향단을 성소의 가장 안쪽, 즉 지성소에서 가장 가까운 곳인 휘장 앞에 놓아두게 했다는 것입니다(출 40:5). 이것은 실제로 분향단과 속죄소의 긴밀한 관계를 의미하는 것으로 분향단에서 피운 향의 연기가 휘장을 넘어 지성소 안으로 들어간다는 것입니다. 즉 임계점 기도의 2단계인 2시간대를 넘기면 그 기도가 지성소로 들어간다는 사실을 말씀해주는 것임을 믿습니다.

매일 계속되어야 하는 기도

분향단에 향을 사르는 일은 매일 반복해서 대대로 지켜야 하는 일이었습니다. 이는 곧 성도들의 기도 역시 매일 드려져야 함을 의미합니다.

> "아론이 아침마다 그 위에 향기로운 향을 사르되 등불을 손질 할 때에 사를지며 또 저녁 때 등불을 켤 때에 사를지니 이 향은 너희가 대대로 여호와 앞에 끊지 못할지며" 출 30:7-8

그러므로 임계점 기도도 매일 하나님께 드려야 합니다. 계속적으로, 매일, 늘 감당해야 하는 일인 것입니다.

> "너희는 그 위에 다른 향을 사르지 말며 번제나 소제를 드리지 말며 전제의 술을 붓지 말며" 출 30:9

또 다른 향을 피우지 말라는 말씀은 동일한 자세와 방법이 중요하다는 의미를 내포합니다.

2단계의 기도로 견인하는 목회자의 안수기도

우리 교회에서는 매주 열리는 금요기도회를 '금요 기도의 향연'이라고 이름 붙이고 8시부터 모여 기도하는데, 이때 담임목사가 성도들에게 안수기도를 해줍니다. 주의 종이 안수할 때 분명히 성령의 기름부으심이 임함을 믿기에 안수기도를 많이 해주면 성도들이 은혜를 받고 눈물 흘리며 더 간절히 기도하게 됩니다.

이를 통해 성도들은 임계점 1단계 기도에서 2단계의 기도로 들어가게 되는 것 같습니다. 이때 전심으로 기도하면 응답과 역사가 일어나는 것입니다. 그래서인지 성도들이 안수를 사모하며 기도의 향연에 열심히 참석하고 있습니다.

🌱 임계점 기도 3단계: 지성소에서 기도하기

3단계 기도까지는 대체로 3시간이 소요됩니다.

지성소에 들어가면 하나님의 음성을 들을 수 있습니다. 모세는 수시로 지성소에 들어가 사람과 대화하듯 하나님과 이야기를 나누고 그 음성을 들었습니다.

지성소 안에 있는 언약궤(증거궤)

"모세가 회막에 들어가서 여호와께 말하려 할 때에 증거궤 위 속죄소 위의 두 그룹 사이에서 자기에게 말씀하시는 목소리를 들었으니 여호와께서 그에게 말씀하심이었더라" 민 7:89

"사람이 자기의 친구와 이야기함같이 여호와께서는 모세와 대면하여 말씀하시며" 출 33:11

하나님은 특별히 지성소 안 속죄소 곧 시은좌에서 모세를 만나 주셨습니다.

"거기서 내가 너와 만나고 속죄소 위 곧 증거궤 위에 있는 두 그

룹 사이에서 내가 이스라엘 자손을 위하여 네게 명령할 모든 일을 네게 이르리라"출 25:22

임계점 기도의 세 번째 단계인 3시간 기도는 인생의 크고 작은 일들에 대해 하나님께 묻고 들으며 "때를 따라 돕는 은혜"(히 4:16)를 경험하는 시간입니다.

19세기 위대한 영국의 복음주의 지도자요 청교도 작가인 존 찰스 라일(Bishop John Charles Ryle)은 "우리는 은혜의 보좌 앞에서 우리가 원하는 것을 자세히 말씀드려야 합니다"라고 말했습니다. 전능하신 하나님과의 독대는 우리의 영성을 강하게 할 뿐 아니라 우리 인생의 모든 필요가 들어 있는 하늘의 아름다운 보고를 여는 일입니다(신 28:12).

기도는 축복의 창고를 여는 열쇠입니다

하늘의 아름다운 보고(寶庫)는 축복의 창고를 말합니다. 베드로가 주님으로부터 받았던 천국 열쇠도 기도의 결과로 주어지는 축복을 말합니다.

브루스 윌킨슨이 쓴 『야베스의 기도』(디모데, 2001)에 보면, '천국에 간 존의 이야기'가 소개되고 있습니다. 존이 천국에 가서 경험한 짤막한 이야기인데, 천국을 구경하다가 한 커다란 창고에서 사람들의 이름이 적힌 상자 속에서 자기 이름이 쓰여진 상자를 발견합니다. 존이 그 안을 들여다보았을 때 그 상자 속에는 그가 세상에 살아 있는 동안 하나님께서 그에게 주기 원하셨던 수많은 복들이 들어 있었는데 안타깝게도 존은 전혀 구하지 않았던 것들이었습니다.

"너희가 얻지 못함은 구하지 아니함이요"(약 4:2)라고 했습니다. 또한 하나님은 "…여호와의 말씀에 내 삶을 두고 맹세하노라 너희 말이 내 귀에 들린 대로 내가 너희에게 행하리니"(민 14:28)라고 약속하셨습니다.

불타는 마음의 소원을 가지고 우리는 하나님께 나아가 우리의 필요들을 간구해야 합니다. 물러나지 마십시오! 기도는 자녀 된 우리에게 주신 마땅한 권리입니다.

그리스도인이 인정하든 인정하지 않든 교회와 성도는 포위되어 있습니다. 다시 말씀드리면 싫든 좋든 간에 점령해야 할 부분을 점령해야 하는 영적 전쟁을 치러야 한다는 말입니다. 이것은 성도를 무기력하게 만드는 영적 게으름과 싸워야 한다는 의미입니다. 환경으로부터 공격당할수록 더욱 기도의 야성을 가지고 하나님께 나아가야 합니다.

다윗은 늘 전쟁에 앞서 여호와 하나님께 묻고 들었습니다.

"블레셋 사람들이 이미 이르러 르바임 골짜기에 가득한지라 다윗이 여호와께 여쭈어 이르되 내가 블레셋 사람에게로 올

라가리이까…여호와께서 다윗에게 말씀하시되 올라가라"삼하 5:18-19

임계점 기도는 주의 음성을 듣는 일에 민감해야 합니다. 우리의 생각대로 반응하는 것이 아니라 영의 생각을 따르면 하나님의 음성에 날마다 민감해질 수 있습니다. 하나님과 대화하면서 자신의 생각을 점검하고, 성찰하고, 회개하고, 바꾸십시오. 성령과 말씀, 그리고 기도와 함께 하나님 안에서 하는 4차원적 생각이 능력 있는 생각입니다. 우리의 생각이 아닌 하나님의 주권 안에서 생각을 하여야 합니다.[4]

임계점 기도는 육적인 생각이 영적인 생각으로 전환되는 시간입니다. 전에는 자신의 마음과 생각의 판단을 좀처럼 믿을 수 없었지만 이제는 거기에 개입하시는 분이 하나님이심을 알게 됩니다. 마음과 생각이 성령으로 충만해져 하나님이 기뻐하시는 뜻을 좇아가게 되는 것입니다.

"아무것도 염려하지 말고 다만 모든 일에 기도와 간구로, 너희 구할 것을 감사함으로 하나님께 아뢰라 그리하면 모든 지각에 뛰어난 하나님의 평강이 그리스도 예수 안에서 너희 마음과 생각을 지키시리라"빌 4:6-7

언약궤 안에 있던 세 가지

거룩한 임재의 상징이며 전능하신 하나님이 인간을 만나주시겠다고 약속하신 시은좌 아래의 언약궤에 하나님은 세 가지 물건을 넣으라고 명령하셨습니다. 아론의 싹 난 지팡이와 언약의 두 돌판, 그리고 만나였습니다. 이 세 물건은 모두 광야에서 받은 것이지만 시기는 다 다릅니다. 만나를 담은 금 항아리는 신 광야에서(출 16장), 언약의 두 돌판은 시내 광야에서(출 19장, 34:4, 29), 그리고 아론의 싹 난 지팡이는 광야 생활이 모두 끝나갈 무렵에 주어진 것입니다(민 17:8-10). 이 세 가지는 이스라엘 역사 속에서 실패했던 이스라엘 백성의 삶을 고스란히 담고 있습니다.[5]

만나를 담은 금 항아리

깨어진 언약의 두 돌판

아론의 싹 난 지팡이

하나님의 임재의 상징인 이 언약궤는 깨지고 병들고 육신으로 살다 육신으로 끝날 인간들을 위해 예수 그리스도께서 하늘의 만나로 이 땅에 오신 것을 의미합니다.

만나를 담은 금 항아리

만나를 담은 금 항아리

"… 항아리를 가져다가 그 속에 만나 한 오멜을 담아 여호와 앞에 두어 너희 대대로 간수하라" 출 16:33

애굽에서 나온 지 한 달이 지났을 때 이스라엘 백성은 신 광야에 도착했습니다. 이제 그들에게 더는 먹을 것이 없었습니다. 굶어 죽을 상황이 되자 백성들은 모세와 아론을 향해 원망을 쏟아냈습니다.

> "… 너희가 이 광야로 우리를 인도해 내어 이 온 회중이 주려 죽게 하는도다" 출 16:3

이 원망은 단순히 배가 고파서가 아니라 여호와 하나님을 시험하는 것이었습니다.

> "그들이 그들의 탐욕대로 음식을 구하여 그들의 심중에 하나님을 시험하였으며" 시 78:18

> "이스라엘 자손 온 회중이 그 광야에서 모세와 아론을 원망하여" 출 16:2

그런데 하나님은 단 하루도 지체하지 않으시고 그들에게 만나와 메추라기를 약속하셨습니다.[6]

> "내가 이스라엘 자손의 원망함을 들었노라 그들에게 말하여 이르기를 너희가 해 질 때에는 고기를 먹고 아침에는 떡으로 배부르리니 내가 여호와 너희의 하나님인 줄 알리라 하라 하시니라"
> 출 16:12

얼마나 감사한 일입니까? 만나는 그 맛이 기름 섞은 과자와 같았습니다(민 11:8). 이스라엘 백성은 이런 기름 섞은 과자를 매일 아침

먹게 되었습니다.

만나는 광야에서 생존 능력을 갖도록 도와주는 소중한 음식이었습니다. 그러나 그들은 처음에는 감사함으로 만나를 받았지만 얼마 지나지 않아 매일 같은 음식을 먹어서 물린다는 이유로 또다시 불평하기 시작했습니다. 결국 만나를 먹게 된 지 약 1년이 되었을 때 고기를 요구하기에 이르렀습니다.

> "그들 중에 섞여 사는 다른 인종들이 탐욕을 품으매 이스라엘 자손도 다시 울며 이르되 누가 우리에게 고기를 주어 먹게 하랴 우리가 애굽에 있을 때에는 값없이 생선과 오이와 참외와 부추와 파와 마늘들을 먹은 것이 생각나거늘 이제는 우리의 기력이 다하여 이 만나 외에는 보이는 것이 아무것도 없도다 하니"
> 민 11:4-6

이 일로 하나님은 메추라기를 몰아 보내주셨지만 결국에는 이스라엘 백성에게 진노하셔서 큰 재앙을 내리셨습니다.

> "바람이 여호와에게서 나와 바다에서부터 메추라기를 몰아… 두 규빗쯤에 내리게 한지라 백성이 일어나 그날 종일 종야와 그 이튿날 종일토록 메추라기를 모으니 적게 모은 자도 열 호멜이라…고기가 아직 이 사이에 있어 씹히기 전에 여호와께서 백성에

게 대하여 진노하사 심히 큰 재앙으로 치셨으므로 그곳 이름을 기브롯 핫다아와라 불렀으니 욕심을 낸 백성을 거기 장사함이었더라"민 11:31-34

이처럼 만나는 하나님께서 자기 백성을 먹이시고 공급하시는 사랑의 상징인 동시에 하나님을 거부하고 불평한 인간의 범죄를 상징하는 것입니다. 더불어 만나의 또 다른 의미는 24시간이 지나면 썩어버린다는 데 있습니다. 그것은 매일 그날 하루의 양식이 필요하듯, 하나님의 임재가 우리 삶에 매일 계속되어야 함을 의미하는 것입니다. 임계점 기도는 우리와 지속적인 교제를 원하시는 하나님의 초청입니다.

언약의 두 돌판

깨어진 언약의 두 돌판

"내가 네게 줄 증거판을 궤 속에 둘지며" 출 25:16

하나님은 모세에게 성막을 짓도록 명령하신 뒤 시내산으로 그를 부르셔서 친히 쓰신 두 개의 돌판을 주셨습니다. 거기에는 언약의 십계명이 쓰여 있었습니다. 모세는 하나님께서 만드시고 기록하신 십계명, 두 돌판을 받아 40일 만에 시내산에서 내려왔습니다. 그런데 이스라엘 백성은 모세가 산에서 내려옴이 더딤을 보고 자신들을 인도할 신으로 송아지 형상의 우상을 만들었습니다.

"백성이 모세가 산에서 내려옴이 더딤을 보고 모여 백성이 아론에게 이르러 말하되 일어나라 우리를 위하여 우리를 인도할 신을 만들라 이 모세 곧 우리를 애굽 땅에서 인도하여 낸 사람은 어찌 되었는지 알지 못함이니라 아론이 그들에게 이르되 너희의 아내와 자녀의 귀에서 금 고리를 빼어 내게로 가져오라 모든 백성이 그 귀에서 금 고리를 빼어 아론에게로 가져가매 아론이 그들의 손에서 금 고리를 받아 부어서 조각칼로 새겨 송아지 형상을 만드니 그들이 말하되 이스라엘아 이는 너희를 애굽 땅에서 인도하여 낸 너희의 신이로다 하는지라" 출 32:1-4

이 모습을 본 모세는 크게 노하여 그 언약의 두 돌판을 던져 깨뜨렸고, 그들이 만든 금송아지를 불살라 가루를 만들어 물에 뿌려 마시게 했습니다.

"모세가 돌이켜 산에서 내려오는데 두 증거판이 그의 손에 있고 그 판의 양면 이쪽 저쪽에 글자가 있으니 그 판은 하나님이 만드신 것이요 글자는 하나님이 쓰셔서 판에 새기신 것이더라 여호수아가 백성들의 요란한 소리를 듣고 모세에게 말하되 진중에서 싸우는 소리가 나나이다 모세가…그 송아지와 그 춤추는 것들을 보고 크게 노하여 손에서 그 판들을 산 아래로 던져 깨뜨리니라 모세가 그들이 만든 송아지를 가져다가 불살라 부수어 가루를 만들어 물에 뿌려 이스라엘 자손에게 마시게 하니라"

출 32:15-20

언약의 두 돌판은 이스라엘 백성을 향한 하나님의 약속이 담겨 있는 반면 이스라엘의 철저한 부패와 우상숭배의 죄악도 고스란히 담고 있습니다.

아론의 싹 난 지팡이

아론의 싹 난 지팡이

세움 4_ 거룩성의 기둥

아론의 싹 난 지팡이는 무엇을 의미합니까?

> "…아론의 지팡이는 증거궤 앞으로 도로 가져다가 거기 간직하여 반역한 자에 대한 표징이 되게 하여" 민 17:10

민수기 16장은 모세와 아론의 권위와 리더십에 반역한 고라와 다단, 아비람 사건을 기록하고 있습니다.

고라가 회막문에 온 회중을 모으고 모세와 아론을 대적하려는 순간 여호와의 영광이 나타났습니다. 하나님께서 가장 큰 위기의 순간 직접 현장에 개입해 주신 것입니다. 놀랍게도 땅이 입을 열어 무리를 주동했던 고라와 아비람과 다단은 물론 그 가족과 고라에 속한 모든 사람과 물건까지 산 채로 삼켜버렸습니다.

이에 하나님께서는 모세에게 명하여 각 지파별로 하나씩 지팡이를 가져와, 해당 지파의 족장 이름을 각각 그 지팡이에 쓰고 레위 지파는 아론의 이름을 쓰게 하셨습니다. 그리고 열두 개의 지팡이를 법궤 앞에 두게 하였는데 하룻밤 사이에 아론의 지팡이에서만 싹이 나고 꽃이 피고 살구 열매가 열리는 기적이 일어난 것입니다.

이로써 위태로웠던 사건들이 정리되고 하나님께서 세우신 모세와 아론의 권위 문제가 해결되었습니다.[7]

오늘날에도 교회에서 목회자나 교회 지도자의 권위에 대한 불순종과 도전, 인정치 않음, 불신 등이 많은 문제가 되고 있습니다. 성경은 이러한 죄악을 패역으로 규정하고 있습니다.

"…고라의 패역을 따라 멸망을 받았도다" 유 1:11

저는 임계점 기도를 통해 교회에서 목회자의 권위가 자연스럽게 세워지는 것을 지켜보았습니다. 성도들은 기도하는 목회자를 보면서 저절로 존경하고 순종하는 마음을 갖게 됩니다. 리더십은 스스로 세우는 것이 아니라 하나님께서 세워주시는 것이기 때문입니다.

어릴 때부터 하나님의 임재를 상징하는 성소에서 자란 사무엘은 사사 시대에서 왕정 시대로 이어지는 시기에 왕 같은 제사장과 선지자로 리더십을 발휘했습니다.

"하나님의 등불은 아직 꺼지지 아니하였으며 사무엘은 하나님의 궤 있는 여호와의 전 안에 누웠더니" 삼상 3:3

"사무엘이 자라매 여호와께서 그와 함께 계셔서 그의 말이 하나도 땅에 떨어지지 않게 하시니" 삼상 3:19

흔히들 "기도하는 사람의 입에서 나오는 말은 무섭다"는 말을 하는데, 이것은 하나님이 주신 은혜입니다. 그런데 과거 한국교회는 이 말을 순종을 종용하기 위한 위협용으로, 그것도 모자라 불순종하는 자를 저주하는 데 오용한 아픔이 있습니다. 이제는 기도하는 사람의 입술이 부정적으로 사용되지 않고 교회와 성도 간의 덕을 세우는 데 사용되기를 바랍니다.

임계점 기도를 지속적으로 하다 보면 어느 순간 하나님의 '개입'이 사역과 삶에 나타나기 시작합니다. 그래서 범사에 싹이 나고 꽃이 피고 열매가 맺힘으로 영적 권위가 세워지게 됩니다. 굳이 임계점 기도를 한다고 말하지 않아도 교회에서 기둥으로 세워져 가는 것입니다. 하나님은 이처럼 사람을 쓰실 때 그가 가진 능력이 아니라 거룩함을 보십니다.

🌱 임계점 기도의 결론은 오직 예수 그리스도입니다

성소 앞 뜰을 지나 성소와 지성소로 나아가는 일에서 인간의 노력은 철저히 배제됩니다. 오직 희생제물의 피만 죽음에서 보호해주며 죄 사함의 도구가 됩니다.

> "…피 흘림이 없은즉 사함이 없느니라" 히 9:22

어느 날 새벽에 임계점 기도를 드리면서 "주님, 언약궤가 무슨 의미입니까?"라고 하나님께 물어본 적이 있습니다. 그리고 기도를 마칠 즈음 갑자기 "예수니라"라는 말씀을 듣게 되었습니다.

> "온 땅의 주의 언약궤가 너희 앞에서 요단을 건너가나니" 수 3:11

언약궤 안에는 아론의 싹 난 지팡이와 만나, 두 돌비가 들어 있었는데 이는 곧 인간의 불순종과 패역을 고스란히 담아둔 것이었습니다.[8] 이 물건들은 하나님의 기적을 뜻하기도 하지만 인간의 전적인 타락과 실패를 의미하기도 했습니다. 그래서 은혜의 보좌인 '시은좌'가 언약궤 위에서 그 모든 것을 누르고 있는 것입니다. 은혜가 아니면, 예수님 앞으로 나아가지 않으면 결국 우리 안의 죄성이 올라와 패역과 실패의 길로 갈 수밖에 없기 때문입니다. 그래서 임계점 기도는 시작도 예수요 끝도 예수입니다.

예수 그리스도께서 이 땅에 오셔서 십자가의 사건으로 생명과 회복의 길을 열어주셨습니다. 그러므로 끊임없이 믿음의 주요 온전케 하시는 예수를 바라봐야 하는 것입니다.

> "이러므로 우리에게 구름같이 둘러싼 허다한 증인들이 있으니 모든 무거운 것과 얽매이기 쉬운 죄를 벗어 버리고 인내로써 우리 앞에 당한 경주를 하며 믿음의 주요 또 온전하게 하시는 이인 예수를 바라보자 그는 그 앞에 있는 기쁨을 위하여 십자가를 참으사 부끄러움을 개의치 아니하시더니 하나님 보좌 우편에 앉으셨느니라" 히 12:1-2

임계점 기도를 통해 우리는 더욱 예수로 충만해지고 믿음이 더욱 온전히 세워지게 됩니다. 이제는 단순히 은사와 능력과 복을 받기 위해서가 아니라 예수로 살고 예수 믿는 신앙으로 승리하기 위해서 기도해야 합니다. 이렇게 거룩성의 기둥을 세운 기도의 사람이 하나님께 인정받고 교회의 기둥이 되는 것입니다.

이처럼 3단계 지성소에서 기도하기는 감사로 충만한 시간이 됩니다. 인생의 불가항력적인 문제 앞에서 우리는 예수 그리스도의 공로로 은혜의 보좌 앞에서 때를 따라 도우시는 하나님의 은혜를 입게 되는 것입니다.

자! 이제 임계점 기도를 시작해봅시다.

함께 외칩시다!

"나는 이 기도를 실천해 꼭 변화를 받을 것입니다."

임계점 3시간 기도의 법칙

3시간의 임계점 기도를 통해서 경험하는 놀라운 사실은 예수 이름의 권세가 참으로 강하다는 것입니다. 예수의 이름을 부를 때 원수가 떠나가고 기도의 환경이 바뀌는 것을 경험하게 됩니다.

세움 5

효과성의 기둥
Pillar of Effectiveness

효과성
어떤 목적을 지닌 행위에 의하여 나타나는
보람이나 좋은 결과가 있는 성질

"지금까지는 너희가 내 이름으로 아무것도 구하지 아니하였으나 구하라 그리하면 받으리니 너희 기쁨이 충만하리라" 요 16:24

세움 5

효과성의 기둥
(Pillar of Effectiveness)

🌱 예수 이름으로 기도의 방해 세력을 돌파해야 합니다

"그러므로 형제들아 우리가 예수의 피를 힘입어 성소에 들어갈 담력을 얻었나니"히 10:19

지성소는 오직 예수로만 들어갈 수 있습니다. 이것은 기도하는 동안에 예수의 이름을 적극적으로 사용하는 것을 의미합니다. 예수를 믿기만 하면 그 이름이 강력한 힘을 발휘합니다(막 16:17).

나는 기도 중에 예수의 이름을 부르며 죄성, 잡념, 졸음, 의심 등을 이겨냅니다. 그러면 생각과 사역에 자유함이 오는 놀라운 일이 일어납니다. 그 옛날 동방교회의 헤지키아(Hesychia) 영성가들도 초대교회 사도와 교부들처럼 예수 이름에 헌신하며 그 이름의 능력을 믿음으로 마음에 잡념(악귀나 잡귀)이 얼씬도 못하게 했습니다.

> "누구든지 주의 이름을 부르는 자는 구원을 받으리라 하였느니라" 행 2:21

임계점 기도에서 우리가 사용할 수 있는 승리의 이름은 오직 예수뿐입니다. 다른 것을 사용하려 하지 마십시오. 그런 것들은 기도에 혼란만 초래합니다. 오직 예수의 이름을 부르면 기도를 방해하는 수많은 잡다한 방해의 휘장이 거두어지고 찢어져 돌파할 수 있게 됨을 경험할 것입니다. 예수의 이름을 부르며 돌파하십시오! 우리를 구원할 분은 오직 예수 그리스도뿐입니다. 예수의 이름으로 전진해야 합니다. 누구든지 예수의 이름을 부르면 죄의 생각과 잡념이 번개처럼 떨어지는 것을 경험하게 될 것입니다.

> "칠십 인이 기뻐하며 돌아와 이르되 주여 주의 이름이면 귀신들도 우리에게 항복하더이다 예수께서 이르시되 사탄이 하늘로부터 번개같이 떨어지는 것을 내가 보았노라" 눅 10:17-18

예수의 이름으로 사역을 감당한 칠십 인의 제자들이 기뻐하며 돌아와 귀신들이 예수의 이름 앞에 항복하더라며 예수님께 보고합니다. 이에 예수님은 사탄이 번개와 같은 속도로 떨어져나가는 것을 보셨다고 말씀하십니다. 이것이 기도의 방해 세력을 돌파하기 위해 예수의 이름을 사용해야 할 이유입니다.

🌱 방언기도

성령의 은사인 방언은 임계점 기도를 하는 데 참으로 효과적입니다. 방언이 은사이기에 못 받은 분도 있을 수 있고, 교단에 따라 해석도 다르겠지만 방언으로 기도하면 두세 시간 기도해도 별로 힘들지가 않습니다.

방언기도에는 몇 가지 중요한 특징과 유익이 있습니다.

첫째, 방언은 본질적으로 성도가 하나님께 말하는 것, 즉 기도입니다.

> "방언을 말하는 자는 사람에게 하지 아니하고 하나님께 하나니 이는 알아듣는 자가 없고 영으로 비밀을 말함이라" 고전 14:2

둘째, 방언기도는 이성이 아니라 성령으로 하는 것입니다.

> "내가 만일 방언으로 기도하면 나의 영이 기도하거니와 나의 마음은 열매를 맺지 못하리라 그러면 어떻게 할까 내가 영으로 기도하고 또 마음으로 기도하며 내가 영으로 찬송하고 또 마음

으로 찬송하리라"고전 14:14-15

셋째, 방언기도는 하나님 외에 알아듣는 사람이 없으며 여기에 신비가 있습니다.

"방언을 말하는 자는 사람에게 하지 아니하고 하나님께 하나니 이는 알아듣는 자가 없고 영으로 비밀을 말함이라"고전 14:2

넷째, 방언기도는 그 기도를 하는 사람 자신이 그 내용을 알 수 없어도 영으로 기도하는 것이기에 결국 기도자의 신앙에 성장을 가져옵니다.

"방언을 말하는 자는 자기의 덕을 세우고 예언하는 자는 교회의 덕을 세우나니"고전 14:4[9]

기도의 많은 시간을 방언으로 채우는 것은 참으로 유익합니다. 그래서 사도 바울도 "내가 너희 모든 사람보다 방언을 더 말하므로 하나님께 감사하노라"(고전 14:18)라고 고백합니다. 그 역시 방언기도를 누구보다도 많이 한 것으로 보입니다. 물론 방언기도는 성령이 우리 입에 부르짖는 영으로 오셔서 하는 기도이기 때문에 대부분 그 의미를 모릅니다. 그래서 사도 바울은 "내가 만일 방언으로 기도하면 나의 영이 기도하거니와 나의 마음은 열매를 맺지 못하리라"(고전

14:14)라고 말합니다.

처음 기도에 들어갈 때는 부르짖는 발성 기도를 통해 방언기도를 해야 합니다. 물론 침묵기도도 좋지만 할 수 있는 대로 크게 소리를 높여 부르짖어 기도하라고 권합니다. 부르짖는 기도는 성대가 쉽게 상하기 때문에 진성(목과 배를 이용한 발성)에서 가성(비음으로 하는 발성)으로 바꿔서 기도하면 목이 쉰다든지 편도에 통증을 느끼는 상황을 피할 수 있습니다. 가능하면 계속적으로 물을 마시면서 해도 좋습니다. 아무튼 시작부터 거의 마칠 때까지 부르짖는 기도를 드려야 합니다.

"주여!"와 반복되는 단음절의 방언기도는 기도의 방해 세력들을 이기는 데 도움이 됩니다. 총신대 신학대학원의 박용규 교수(역사신학)는 한국기독교 역사 연구에 남다른 열정을 가진 분입니다. 그분의 증언을 들어보면, 1907년 부흥운동이 평양 전역을 휩쓸고 있을 때 평양을 방문해 길선주 목사님을 만난 중국의 그리스도인들이 함께 기도한 뒤 "한국인들은 중국인들이 이해할 수 없는 단음절로, 그들 세계가 잊어버린 고대어로 기도했다"라고 전했는데, 이것이 방언이라는 견해가 조심스럽게 제기되고 있습니다. 그러나 아쉽게도 이를 뒷받침할 만한 관련 기록은 찾기 힘들다고 합니다(박용규 교수의 '합동총회 100주년 기념 학술세미나' 내용에서 발췌). 이처럼 단음절이나 단순한 단어를 반복하는 방언기도는 능력이 있습니다.

🌱 방언기도는 우리의 생각에 확신을 줍니다

우리는 늘 지금 떠오르는 생각과 느낌이 자신의 것인지 하나님의 음성인지 헷갈리고 확신이 부족합니다. 그러나 영이 강해지면 영적 감각이 예민해집니다. 그래서 하나님의 음성과 메시지에 민감해지는 것입니다. 어떤 문제를 놓고 결정하기 위해 기도할 때 방언을 하면 할수록 영의 생각이 마음에 확신으로 떠오릅니다. 결과적으로 우리의 생각과 마음에서 의심과 흔들림은 자취를 감추고 맙니다. 그러므로 모든 문제의 열쇠는 '성령이 주시는 영감'입니다.

🌱 방언은 교회를 세우는 회복의 은사입니다

"이는 방언을 말하며 하나님 높임을 들음이러라" 행 10:46

방언기도는 하나님과의 친밀한 교제를 회복시켜 줍니다. 주님과의 친밀한 관계를 원하거나 하나님의 음성을 듣기 원한다면 방언은 참으로 많은 유익을 줄 것입니다. 방언은 우리의 영을 아주 예민하고 풍성하게 만들어주기 때문입니다.

초대교회 당시 오순절에 임한 부흥은 모든 닫히고 단절되었던 관계가 풀리고 친밀한 관계가 회복되는 놀라운 사건이었습니다.

"오순절 날이 이미 이르매 그들이 다 같이 한 곳에 모였더니 홀연히 하늘로부터 급하고 강한 바람 같은 소리가 있어 그들이 앉은 온 집에 가득하며 마치 불의 혀처럼 갈라지는 것들이 그들에게 보여 각 사람 위에 하나씩 임하여 있더니 그들이 다 성령의 충만함을 받고 성령이 말하게 하심을 따라 다른 언어들로 말하기를 시작하니라" 행 2:1-4

성령이 임하신 것은 곧 하나님의 교회가 각 사람 안에 세워진 것을 의미합니다. 교회가 된 성도들은 이제 확장된 공동체 안에서 교제를 통해 자라게 되어 있습니다. 이 모든 일은 성령이 주도하시는 은사로 인해 더욱 풍성해집니다. 그중 방언은 교회 된 성도의 덕을 세우는 은사입니다(고전 14:4). '덕을 세운다'(헬라어: 오이코도메오)는 말은 원어로 '건축하다', '짓다'라는 의미가 있습니다. 결국 방언을 많이 하는 사람은 집을 튼튼히 짓듯 자기 영혼(마음)을 건강하게 만드는 것입니다. 그래서 사도 바울도 자신이 방언을 많이 말하는 것에 감사한 것입니다.

"내가 너희 모든 사람보다 방언을 더 말하므로 하나님께 감사하노라" 고전 14:18

🌱 생소한 말, 다른 방언

> "그러므로 더듬는 입술과 다른 방언으로 그가 이 백성에게 말씀하시리라 전에 그들에게 이르시기를 이것이 너희 안식이요 이것이 너희 상쾌함이니 너희는 곤비한 자에게 안식을 주라 하셨으나 그들이 듣지 아니하였으므로" 사 28:11-12

머리를 짜내는 이성적인 기도나 우리말로 하는 기도보다 다른 언어를 단음절로 반복해서 사용해도 영의 기도가 열리는 것을 봅니다. 기도하다 입에서 나오는 한 음절을 반복하다 보면 연이어 새로운 음절이 떠오르고 그렇게 단음절이 떠오른다면 믿음으로 그 음절을 계속 사용해 기도하면 되는 것입니다.

저는 처음 방언을 받았을 때 단어도 아닌 단음절로 '라라라라…'만 반복되어 너무나 허무했습니다. 그래서 "하나님, 이런 방언 말고 유창한 방언을 하고 싶습니다. 이 방언 거두어 가세요! 그만하고 싶어요!"라고 기도했는데, 그 후 2년 가까이 방언을 못 한 적이 있습니다. 그런데 그 짧은 시간에 느낀 영적 자괴감과 고통은 이루 말할 수 없었습니다. 그러면서 흔히들 '라라 뚜뚜' 방언은 초기에 사용하는 방언으로 인식하고 있지만, 방언기도가 능숙하고 외국어 같은 방언을 하는 사람도 짧은 음의 방언기도도 모두 하고 있음을 깨닫게 되었습니다. 저는 지금도 임계점 기도를 하거나 통성으로 기도할 때 방언과 단음절로 2시간씩 기도합니다.

단음절로 반복되는 방언은 유치하고 단순해 보이고 언어방언은 세련되고 좋아 보인다는 편견이 깨지면서, 나는 단음절 방언에서 굉장한 능력이 나온다는 것을 깨닫게 되었습니다. 이러한 단순한 발음의 방언이 악한 영을 묶고 일곱 길로 도망가게 한다는 것을 알았습니다. 단음절의 방언이 막힌 것을 뚫고 돌파하는 능력이 있다는 사실을 깨닫게 된 것입니다.

섬세한 언어를 사용하는 방언은 마음을 토로하거나 긴밀하게 드리는 기도 등에 주로 사용한다면, 단음절 방언은 주로 능력이나 담대함이 들어오는 통로라는 것을 알게 되었습니다. 저는 임계점 기도에 방언을 사용하면서 감각과 생각이 분명해지고 확신에 차는 것을 경험했고, 삶과 사역에서도 급진적인 상승과 부흥을 맛보게 되었습니다.

돌파 기도

방언으로 기도하는 것은 마치 악한 영을 향해 기관단총을 난사해 그 세력을 초토화시키는 것과 같습니다.

저는 몇 개월 전부터 선천성 1급 지적장애와 언어장애를 앓고 있는 스무 살 된 서희 자매를 위해 기도하고 있습니다. 병원에서는 치료가 불가능하다고 했지만 그 자매에게 악한 영이 침투해 있음을 알게 되어 치유 사역을 시작했습니다. 그 자매를 위해 방언으로 통성기도를 시작하면 악한 영들이 혼비백산하고 귀를 막으며 맥을 못 쓰는 것을 목격할 수 있었습니다. 그런 현상을 보면서 방언기도의 위력을 더욱 실감하고 있습니다. 그 자매에게서 놀라운 변화와 진전이 나타나는 것에 감사할 따름입니다.

지루하고 재미없다고 생각되더라도 계속해서 방언기도를 하면 영적 움직임이 활성화되면서 영적인 흐름을 바로잡을 수 있습니다. 또 두려움이 사라지고 담대함이 생깁니다.

방언기도는 마음에 안식과 평안을 줍니다

오늘날과 같이 수많은 스트레스로 지친 현대인들에게 가장 절실히 필요한 것이 안식과 평안입니다. 목회자와 성도 중에도 마음의 무기력과 우울증, 심한 스트레스로 힘들어하는 사람이 많습니다. 그럴 때 방언기도를 붙들면 회복을 경험하게 됩니다.

> "그러므로 더듬는 입술과 다른 방언으로 그가 이 백성에게 말씀하시리라 전에 그들에게 이르시기를 이것이 너희 안식이요 이것이 너희 상쾌함이니 너희는 곤비한 자에게 안식을 주라"
>
> 사 28:11-12

🌱 성령으로 기도해야 합니다

우리는 기도할 때 그것이 방언기도든 아니든 이성적으로 머리를 쥐어짜는 것이 아니라 성령께 의탁해 오직 그분이 기도하시도록 맡겨드려야 합니다. 물론 기도는 근본적으로 성도가 자신의 거듭난 이성을 사용해 하나님께 아뢰면서 교제하는 것입니다. 그러므로 그 기도의 형태가 꼭 방언일 필요는 없습니다.

그러나 사도 바울은 방언으로 기도하면 영이 열매를 맺고, 이성으로 기도하면 이성이 열매를 맺기 때문에, 우리 이성과 영이 동시에 열매를 맺으려면 이성으로 하는 기도와 아울러 성령으로 하는 방언기도가 필요하다고 말합니다.

> "내가 만일 방언으로 기도하면 나의 영이 기도하거니와 나의 마음은 열매를 맺지 못하리라 그러면 어떻게 할까 내가 영으로 기도하고 또 마음으로 기도하며 내가 영으로 찬송하고 또 마음으로 찬송하리라" 고전 14:14-15

성령으로 기도하는 방언기도가 필요한 이유는 또 있습니다. 우리는 종종 기도에 대한 당위성은 느끼지만 기도할 바를 알지 못하고 기도에 한없이 부담을 느낍니다. 이때 방언기도를 하면 성령께서 직접적으로 기도하는 사람의 입술에 부르짖는 영으로 오셔서 도와주십니다.[10]

"이와 같이 성령도 우리의 연약함을 도우시나니 우리는 마땅히 기도할 바를 알지 못하나 오직 성령이 말할 수 없는 탄식으로 우리를 위하여 친히 간구하시느니라 마음을 살피시는 이가 성령의 생각을 아시나니 이는 성령이 하나님의 뜻대로 성도를 위하여 간구하심이니라 우리가 알거니와 하나님을 사랑하는 자 곧 그의 뜻대로 부르심을 입은 자들에게는 모든 것이 합력하여 선을 이루느니라"롬 8:26-28

기도는 하나님과의 인격적인 교제입니다

팀 켈러는 "성도의 기도는 무지의 심연과 침묵이 지배하는 초의식 상태에 빠져드는 행위가 아닙니다. '만트라'(mantra, 소리를 내어 수행하는 주문 수행법) 명상에는 '사마디'(samadhi, 삼매경) 상태에 이르기 위한 준비 과정으로 반복적으로 같은 소리를 내거나 특정한 대상을 주목하거나, 일정한 행동을 하는 기법을 쓰는 특징이 있습니다. 반면에, 성도의 기도는 대화를 나누며 친구가 되어주시는 인격적인 하나님과 더불어 교제하는 쪽입니다"라고 기도에 대해 언급했습니다.

어느 힌두교 사제가 이 '사마디'를 풀이하면서 "거기에 이르면 신은 완전히 사라지고 오로지 자신만 남는다"라고 설명했는데, '사마디'와 방언은 감정적인 면에서 큰 기쁨을 느낀다는 공통점이 있지만 전혀 상반된 목표를 추구합니다.[11]

방언기도는 인간이 하나님의 형상대로 지음받았고, 따라서 인간은 하나님과 관계를 맺으며 인격적으로 소통하도록 설계되었다는 사실을 전제로 하기 때문입니다.

> "하나님이 이르시되 우리의 형상을 따라 우리의 모양대로 우리가 사람을 만들고 그들로 바다의 물고기와 하늘의 새와 가축과 온 땅과 땅에 기는 모든 것을 다스리게 하자 하시고 하나님이 자기 형상 곧 하나님의 형상대로 사람을 창조하시되 남자와 여자를 창조하시고"창 1:26-27

이런 점들을 종합해보면 기도란 '하나님을 아는 지식에 인격적으로 소통하는 반응'이라고 정의할 수 있습니다. 그래서 기도는 하나같이 하나님을 향한 반응을 가리킵니다. 언제든 주체는 하나님이신 것입니다. 따라서 늘 무엇인가를 구하기보다 '듣기'가 먼저입니다.[12]

🌱 기도는 우리의 물음에 답하시는 살아 계신 하나님께 드리는 것입니다

우리의 기도에 답하시는 아버지 하나님의 음성이 들리기 시작할 때 기도는 더욱 특별해집니다. 임계점 기도를 사모하게 되는 것도 하나님 앞에서 그 음성을 들을 수 있기 때문이며, 이는 세상의 그 무엇과도 비교할 수 없습니다. 하나님이 우리에게 말씀하시는 방법은 다양하겠지만 기도 중에 만나주시는 하나님은 항상 동일하신 분입니다.

"내 양은 내 음성을 들으며 나는 그들을 알며 그들은 나를 따르느니라" 요 10:27

기도에서는 "하나님은 항상 옳으십니다"라는 믿음이 전제되어야 합니다. 그래야 어떤 말씀 앞에서도 순종할 수 있습니다. 즉 하나님에 대한 절대신뢰가 있어야 하는 것입니다. 그리고 분명히 기억해야 할 것은, 하나님은 그분의 음성 듣기를 기대하며 드리는 우리의 기도(물음)에 분명히 응답하신다는 사실입니다. 그러므로 기도의 자리로 나아갈 때마다 기대감을 가져야 합니다.

나는 임계점 기도를 하면서 하나님께 수시로 묻고 또 그 물음에 답하시는 하나님의 음성을 듣습니다. 이런 말을 들으면 어떤 분은 어떻게 그것이 가능한지 의문을 품을 수 있습니다. 나 역시 오랜 세월 하나님의 음성에 갈급해하며 답답한 신앙생활을 해왔습니다. 그러나 임계점 기도를 통해 이제는 나의 생각과 마음에 들려주시는 하나님의 음성을 들을 수 있게 되어 감사할 뿐입니다.

🌱 하나님은 성경에 기록된 말씀으로 답하십니다

하나님의 음성의 기초는 기록된 성경 말씀입니다. 말씀에 근거한 응답이라야 하나님의 답이 되는 것입니다. 모세도 거룩하신 하나님을 만났을 때 두 돌판에 친히 '새겨주신' 계명을 받았습니다. 평소에 성경을 많이 통독하고 기도의 자리로 나아가시기 바랍니다. 말씀 없이 기도를 지속하면 공허함만 따를 뿐입니다. 균형 있는 영성은 기도와 말씀이 함께하는 것입니다.

"하나님의 말씀과 기도로 거룩하여짐이라" 딤전 4:5

🌱 무릎기도 의자를 사용함이 유익합니다

오랜 시간 무릎 꿇고 기도하면 무릎에 문제가 생기지는 않을지 또는 힘들어서 집중할 수 있을지 염려하는 분들이 많습니다. 물론 무릎을 꿇고 기도하면 30분도 지나지 않아 고통으로 기도에 대한 부담이 몰려옵니다.

임계점 기도의 3시간은 결코 짧은 시간이 아니기에 계속 무릎 꿇고 기도하는 것에 부담을 가지시는 분들에게는 무릎기도 의자를 권합니다. 무릎기도 의자를 사용하다 말다를 반복하며 자세를 더욱 간절한 모양으로 바꾸어가는 것이 유익합니다. 그리고 중요한 것은 마음이지 자세가 아닙니다. 다리를 펴든 무릎을 꿇든 기도의 목적은 하나님과의 관계에 있는 것입니다.

　임계점 기도를 드릴 때는 가급적 묵상과 침묵의 기도는 피하는 것이 좋습니다. 소리 없이 조용히 기도하다 보면 아무래도 졸리게 되고 급기야 기도를 제대로 할 수 없게 됩니다. 그러므로 임계점 기도에서는 처음부터 부르짖는 간절한 기도를 드리기를 권합니다.
　그러나 3시간 내내 부르짖어 기도하면 많은 힘이 소모되고 당연히 성대와 몸도 쉽게 지치기 마련입니다. 그러므로 기도가 2시간을 넘어서면서 깊이 들어가면 목소리의 톤을 조금 낮추거나 자연스럽게 하나님께 묻고 듣는 대화식 기도로 바꾸는 것도 하나의 방법이 될 수 있습니다.

🌱 기도의 효과는 선순환으로 이루어집니다

사람이 하나님의 도움으로 강성해지는 비결은 기도입니다. 대표적인 인물로 구약의 다윗을 들 수 있습니다. 성경의 기록에 의하면 다윗은 밤낮 부르짖는 기도의 사람이었으며, 그에게는 하나님께서 자신의 기도를 들으신다는 믿음이 있었습니다. 심지어 다윗은 사울을 피하여 아둘람의 엔게디 동굴에 숨어 아무것도 할 수 없는 최악의 상황에서도 소리 내어 기도했습니다.

> "하나님이여 내게 은혜를 베푸소서 내게 은혜를 베푸소서 내 영혼이 주께로 피하되 주의 날개 그늘 아래에서 이 재앙들이 지나기까지 피하리이다 내가 지존하신 하나님께 부르짖음이여"
> 시 57:1-2

다윗은 자신에게 닥친 재앙이 지나갈 때까지 막다른 곳인 동굴에서 기도했습니다. 그리고 기도가 가동되자 그 흐름이 바뀌어 동굴이 왕궁으로 나아가는 터널이 되었습니다. 하나님은 동굴에서도 다윗을 보고 계셨던 것입니다. 하나님은 기도하는 다윗에게 복을 주시고 강성하게 하셨습니다.

> "다윗이 어디로 가든지 여호와께서 이기게 하시니라" 대상 18:6

심지어 그의 노년에까지 복을 주셨습니다.

"그가 나이 많아 늙도록 부하고 존귀를 누리다가 죽으매" 대상 29:28

성경적인 하나님의 복은 이처럼 멈추지 않고 계속 선순환이 이루어지는 것입니다.

"하나님이 그들에게 복을 주시며 하나님이 그들에게 이르시되 생육하고 번성하여 땅에 충만하라, 땅을 정복하라, 바다의 물고기와 하늘의 새와 땅에 움직이는 모든 생물을 다스리라 하시니라" 창 1:28

선순환은 생육에서 번성으로, 번성에서 충만으로, 충만에서 정복으로, 정복에서 다스리는 승리의 삶으로 나아가는 것입니다.

자! 이제 임계점 기도를 시작해봅시다.

함께 외칩시다!

"나는 이 기도를 실천해 꼭 변화를 받을 것입니다."

임계점 3시간 기도의 법칙

방언기도는 하나님과의 친밀한 교제를 회복시켜주는 은사입니다. 주님과의 친밀한 관계를 원한다거나 하나님의 음성을 듣기 원한다면 방언은 참으로 많은 유익을 줄 것입니다.
방언은 우리의 영을 아주 예민하고 풍성하게 만들어주기 때문입니다.

세움 6

연속성의 기둥
Pillar of Continuity

연속성
끊이지 않고 죽 이어지는 성질이나 상태

"나는 너희를 위하여 기도하기를 쉬는 죄를 여호와 앞에 결단코 범하지 아니하고 선하고 의로운 길을 너희에게 가르칠 것인즉"

삼상 12:23

세움 6

연속성의 기둥
(Pillar of Continuity)

🌱 연속적인 기도

기도는 날마다 드려야 하는 것입니다. 매일 하루 일과를 시작할 때마다 기도해야 그날을 살아가는 데 필요한 힘을 얻을 수 있습니다. 그것이 매일의 삶에서 승리하는 탁월한 비결입니다. 이러한 기도 방법을 배우지 못한 사람은 기도의 능력을 체험할 수 없을뿐더러 그러한 능력을 기대할 수조차 없습니다. 능력은 하나님에게서 나오는 것이기에, 그분 앞에 머물러 있는 시간이 길면 길수록 그 사람은 능력 있는 일을 감당케 되는 것입니다.

왕의 자리에 오른 다윗은 수많은 전쟁을 치르게 되었는데, 그 모든 전쟁에 앞서 '항상' 하나님 앞에 머물러 있었습니다. 그래서 그에게는 늘 승리가 뒤따랐습니다.

야곱은 얍복강 나루터에서 환도뼈가 위골될 때까지 혼신의 힘을 다해 '끈질기게' 기도의 씨름을 했습니다. 그리고 마침내 하나님의 응답을 받았습니다. 무조건 오래 기도하는 것이 좋은 것은 아니겠지만 건성으로 짧게 기도하는 것은 기도하지 않는 것과 별반 다를 게 없습니다.

한나가 살던 당시 중동 문화에서는 여자가 아이를 낳지 못하는 것이 수치로 여겨졌고, 불임의 책임이 전적으로 여자에게 있었습니다. 자식이 없던 한나 역시 이 일로 몹시 괴로웠고 결국 하나님 앞에 나아가 '오래' 기도하게 됩니다.

"한나가 마음이 괴로워서 여호와께 기도하고 통곡하며" 삼상 1:10

"그가 여호와 앞에 오래 기도하는 동안에" 삼상 1:12

기도는 마음의 상처와 부정적인 생각을 제거합니다.
한나의 마음이 기도로 회복되었을 때 그 기도의 응답으로 여호와 하나님께서 붙잡고 계셨던(삼상 1:5) 한나의 태의 문을 열어주셨으며 고대하고 기다리던 아들을 주셨는데 그 아이가 바로 사무엘이었습니다.
한나의 서원대로 사무엘은 성전에서 자라나 이스라엘의 제사장으로 세워졌습니다. 그리고 사무엘 역시 백성들의 중보자로서 '기도하기를 쉬는 죄를 범하지 않는' 기도의 사람이 됩니다.

"나는 너희를 위하여 기도하기를 쉬는 죄를 여호와 앞에 결단
코 범하지 아니하고"삼상 12:23

백성을 위해 끊임없이 기도했던 사무엘에게 하나님은 그의 평생
에 그의 말이 모두 성취되는 복을 주셨습니다.

"사무엘이 자라매 여호와께서 그와 함께 계셔서 그의 말이 하
나도 땅에 떨어지지 않게 하시니"삼상 3:19

다윗, 야곱, 한나, 사무엘 이들은 모두 지속적으로, 오래, 끈질기게 기도했습니다. 우리도 매일 기도의 시간을 늘려나가야 합니다. 처음에는 30분으로 짧게 시작하더라도 점점 1시간, 2시간, 3시간으로 늘려감으로 기도의 사람이 되는 것입니다. 단번에 그렇게 되지는 않겠지만 실패가 두려워 시도조차 하지 않는 것은 더 어리석은 일입니다.

나는 어느 새벽기도의 체험을 잊을 수가 없습니다. 3시간의 기도를 해보겠다고 뜻을 세우고 시작한 기도가 어느새 2시간 40분을 넘기더니 어느 순간 따뜻하게 품으시는 하나님의 임재가 느껴졌고, 평생 불가능하게만 생각되던 하나님의 음성을 듣는 것이 무엇인지 경험하게 되었습니다. 그렇게 시작된 임계점 3시간 기도는 오늘까지 계속되고 있습니다.

🌱 기도하는 교회는 세상을 다스리게 됩니다

기도하는 교회는 생육하고 번성하고 충만하게 되며, 강력한 하나님의 권능으로 일어나 세상을 다스리게 됩니다.

> "하나님이 그들에게 복을 주시며 하나님이 그들에게 이르시되 생육하고 번성하여 땅에 충만하라, 땅을 정복하라, 바다의 물고기와 하늘의 새와 땅에 움직이는 모든 생물을 다스리라 하시니라" 창 1:28

성령의 역사로 세워진 초대교회는 놀라운 부흥을 경험했습니다. 매일 구원받는 사람이 더해짐으로 기하급수적인 부흥이 일어나 생육하고 번성하고 충만해졌으며 세상으로부터 칭찬을 듣게 되었습니다.

> "하나님을 찬미하며 또 온 백성에게 칭송을 받으니 주께서 구원 받는 사람을 날마다 더하게 하시니라" 행 2:47

이는 모든 성도들이 교회에 모여 기도에 힘쓸 때 일어난 일입니다.

> "날마다 마음을 같이하여 성전에 모이기를 힘쓰고" 행 2:46

기도하는 교회는 음부의 권세를 이기고 세상을 다스리게 됩니다.

그래서 세상의 수많은 잃어버린 영혼을 찾아 하나님께 올려드리는 영광스러운 교회가 됩니다.

조그만 상가 지하에서 시작된 교회 개척이 3년 만에 10배 이상의 성장과 부흥으로 일어난 것은 오직 새벽 3시간 기도에 그 비결이 있었습니다.

🌱 임계점 기도는 3시간 연속 기도입니다

가끔씩 이런 질문을 하시는 분들이 있습니다. "꼭 3시간을 연속해서 기도해야 합니까? 일상생활에 지장이 없도록 아침과 저녁으로 나눠 3시간 기도하면 안 됩니까? 사실 이 질문에 정답은 없습니다. 그러나 예수님의 겟세마네 기도를 보면 연속적인 3시간의 기도였습니다. 굳이 기도하실 필요가 없으신 예수님께서 그렇게 하셨다면 우리의 변명이나 자기합리화는 당치 않은 것입니다.

임계점 기도에 큰 영감을 준 마르틴 루터는 이렇게 말합니다.

> "매일 아침 기도로 두 시간을 보내는 것에 실패한다면 사탄은 그날 온종일 승리를 취할 것이다. 나는 할 일이 너무 많다. 그래서 매일 세 시간을 기도하지 않고는 전진할 수 없다."[13]

1시간 　기도는 육의 기도
　　　　　"… 모든 생각을 사로잡아"고후 10:5

2시간 　기도는 혼의 기도
　　　　　"… 샛별이 너희 마음에 떠오르기까지"벧후 1:19

3시간 　기도는 영의 기도
　　　　　"… 너희 가운데에 기이한 일들을 행하시리라"수 3:5

1시간 기도에서는 많은 제목의 기도를 늘어놓게 됩니다. 대부분 이때는 육적인 자신과의 싸움 때문에 깊은 기도가 어렵습니다. 그래서 성소 '뜰에서 드리는 기도'로 표현한 것입니다. 뜰은 동물들의 울음소리로 시끌벅적하고 소란한 곳입니다. 기도의 순서를 가지고 기도를 하긴 하지만 실제로는 수박 겉핥기식이 될 수밖에 없습니다.

2시간 기도에서는 대부분 혼의 기도가 많습니다. 머리를 쥐어짜는 이성적인 기도를 하다 보면 성령께 온전히 맡기는 기도를 드리기가 쉽지 않습니다. 이때의 기도는 '성소에서 드리는 기도'로 표현할 수 있습니다.

3시간 기도는 하나님께 묻고, 듣는 깊은 교제의 시간입니다. 이것을 로자린드 링커라는 작가가 '대화식 기도'라고 불렀으며, 그의 책 『대화식 기도』(Pyayer: Conversing with God, 생명의말씀사)에서 그 방법을 소개했습니다. 이 기도 방식은 지난 50년간 복음주의 교회에 큰 충격을 주어 기도의 패러다임을 완전히 바꾸어 놓았고, 이후 대화식 기도의 물결이 번져나갔습니다.

대화식 기도에서 소개하는 좋은 대화는 어느 한편이 일방적으로 이야기하는 것이 아니라 서로 친절하게 말을 주고받는 것이며 혼자서만 일방적으로 하는 말은 대화가 아니라 독백에 지나지 않는다고 말합니다.

성소 안에는 일곱 개의 순금 등잔대가 있습니다. 그리고 그 등잔대는 감람유로 가득 채워져 24시간 계속해서 성소 안을 밝힙니다. 여기에 우리가 주님 앞에 더 오래 머물러야 하는 이유가 있습니다.

"그날에 그의 무거운 짐이 네 어깨에서 떠나고 그의 멍에가 네 목에서 벗어지되 기름진 까닭에 멍에가 부러지리라" 사 10:27

순금 등잔대

세움 6_ 연속성의 기둥

하나님 앞에 충분히 머물 때 주어지는 기름부으심은 우리 인생의 모든 멍에를 부러뜨리기 때문입니다. 인생의 어떤 굴레도 벗겨내고 꺾어버리는 자유가 주어지는 것입니다.

E. M. 바운즈는 "끊임없이 기도하는 자에게 기름부음이 있다. 인내하며 계속 구하지 않으면 기름부으심은 오래된 만나처럼 벌레가 생기고 만다…일시적이며 간헐적인 기도에는 절대 거룩한 불이 붙지 않는다. 임의적인 기도는 하나님을 붙잡는 열정이 없으며, 축복받기 전에는 하나님을 보내지 않으려는 끈질김도 없다"고 말합니다.[14]

🌱 기도는 하나님과의 관계가 목적입니다

많은 분이 무슨 교과서라도 있는 듯이 기도의 방법에 대해 물어옵니다. 그러나 다시 말하지만 기도에 정답이나 정석은 없습니다. 기도는 하나님과의 관계가 목적이기 때문입니다.

지성소 안에서 드리는 영의 기도가 시작될 즈음에 저는 굳이 하나님과의 대화를 위해 침묵하거나 묵상으로 나아가지 않습니다. 그렇다고 부르짖는 기도 중에 혼자서 일방적으로 나아가지도 않습니다. 하나님은 우리가 물으면 언제나 대답하시는 분이기에 이것이 임계점 기도의 정점입니다. 이때는 부르짖는 기도로 나아갈 때도 있지만 때론 대화와 묵상기도, 침묵의 시간으로 나아가기도 합니다. 그러나 주의할 것은 하나님의 음성을 듣기 위한 수동적인 침묵은 습관이 되지 않기를 바랍니다.

> "사람이 자기의 친구와 이야기함같이 여호와께서는 모세와 대면하여 말씀하시며" 출 33:11

저 역시 수십 년 교회에서 신앙생활을 해왔지만 하나님과 대화하는 기도는 쉽지 않았습니다. 더군다나 하나님의 음성을 듣는다는 것은 간절히 사모하면서도 한편으론 너무나 부담스러웠습니다. 그런데 언젠가 작정하고 임계점 기도를 시작하면서 그것이 가능해진 것입니다. 정말 하나님은 말씀하는 분이셨습니다. 저는 지금도 그렇게 신나고 재미있게 기도의 시간을 보내고 있습니다. 어떤 날에는 기도 말미에 말씀하시기도 합니다. 그래서 3시간이라는 임계점 기도의 분량을 끝까지 채우려는 것입니다.

> "…날이 새어 샛별이 너희 마음에 떠오르기까지 너희가 이것을 주의하는 것이 옳으니라" 벧후 1:19

🌱 말씀 묵상과 통독이 반드시 동반되어야 합니다

물론 하나님의 음성은 우리의 생각과 마음으로 들려옵니다. 만약 어떤 소리나 음성이 귀로 들린다든지 신비로운 체험을 하는 경우에는 이를 잘 분별해야 합니다. 그래서 기도자는 평소에 성경 말씀을 많이 읽어야 합니다.

말씀 없는 기도는 공허하며 영적 무질서의 문제가 반드시 생깁니다. 과거 한국교회에는 수많은 기도자가 있었습니다. 그러나 그중에는 영적 균형을 잃어 교회의 기둥이 되기는커녕 교회에 상처와 걸림이 된 경우도 많았습니다. 그래서 임계점 기도를 가르치면서 가장 중요하게 강조하는 부분이 바로 말씀 묵상과 통독입니다.

> "땅이 혼돈하고 공허하며 흑암이 깊음 위에 있고 하나님의 영은 수면 위에 운행하시니라 하나님이 이르시되 빛이 있으라 하시니 빛이 있었고" 창 1:2-3

혼돈과 공허는 하나님의 말씀이 있을 때 사라집니다. 영적 혼돈과 공허, 무질서는 말씀이 빈약할 때 필연적으로 나타나는 결과입니다. 그러므로 오랜 기도에는 그만큼의 성경 통독이 반드시 뒤따라야 합니다.

🌱 하나님의 음성 듣기

임계점 기도는 하나님의 음성을 듣는 기도입니다. 저의 경우 하나님은 성경 말씀이나 단어들로 응답을 하십니다.

구약에 보면 대제사장 흉패의 한 겹에는 12지파를 상징하는 12개의 보석을 달고, 안쪽에 있는 다른 한 겹과의 사이에는 우림과 둠밈을 넣었습니다. 이것은 국가적 중대사안을 결정할 때 사용하는 '판결 흉패'(출 28:15)라고도 불렀습니다.[15]

> "레위에 대하여는 일렀으되 주의 둠밈과 우림이 주의 경건한 자에게 있도다" 신 33:8

어떤 방법으로 하나님의 뜻을 분별했는지는 정확히 알 수 없으나 하나님은 둠밈과 우림을 통해 대제사장의 판결을 도우신 것이라 생각됩니다.

다윗은 아말렉 사람들이 성읍을 불태우고 백성들의 아내와 자녀들을 사로잡아간 일로 인해 백성들이 원망하며 자신을 돌로 치려 하는 다급한 상황에 처합니다. 이때 다윗은 제사장 아비아달에게 제사장이 입는 에봇(제사장이 겉옷 위에 입는 조끼)을 가져오기를 청합니다. 그것은 둠밈과 우림을 통해 하나님의 뜻을 알기 위함이었습니다.

세움 6_ 연속성의 기둥

"다윗이 여호와께 묻자와 이르되 내가 이 군대를 추격하면 따라잡겠나이까 하니 여호와께서 그에게 대답하시되 그를 쫓아가라 네가 반드시 따라잡고 도로 찾으리라" 삼상 30:8

사람들이 가끔씩 제게 묻곤 합니다. "목사님, 기도하시면 뭐가 보이시지요?" 저는 분명히 말합니다. "아무것도 보이지 않습니다. 다만 하나님의 마음과 불신 영혼이 보입니다." 예수님께서 겟세마네 동산에서 죽어가는 영혼들을 향한 하나님의 마음을 보신 것처럼 우리도 기도하면 할수록 그렇게 되어야 합니다.

그래서 기도는 자랑이 아닙니다. 기도는 사명을 보는 통로요, 하나님의 마음의 눈입니다. 이제는 하나님의 음성을 듣는다는 말을 들을 때 이상하게 보지 않기를 바랍니다.

자! 이제 임계점 기도를 시작해봅시다.

함께 외칩시다!

"나는 이 기도를 실천해 꼭 변화를 받을 것입니다."

임계점 3시간 기도의 법칙

기도는 날마다, 항상 드려야 합니다. 그렇기 때문에 연속 3시간의 기도가 임계점 기도인 것입니다. 하루를 시작하며 드리는 기도는 그날의 일과를 감당하는 데 필요한 힘과 능력을 얻는 탁월한 방법입니다.

세움 7
지속성의 기둥
Pillar of Persistence

지속성
끊이지 않고 끈기 있게
오래도록 계속되거나 유지하는 태도

"쉬지 말고 기도하라" 살전 5:17

세움 7

지속성의 기둥
(Pillar of Persistence)

🌱 능력은 지속적인 기도에서 나옵니다

찰스 스펄전 목사님은 "짧지만 강력한 기도는 오랜 기도가 쌓여야 가능하다"라고 말했습니다. 어떤 사람은 기도하면서 고작 한마디 했을 뿐인데 능력이 나타나기도 합니다. 이것은 오랜 세월 기도가 축적되었기 때문입니다. 우리가 기도는 하지만 삶과 사역에서 실패하는 것은 이처럼 지속적으로 기도하지 않기 때문입니다.

"우리는 오로지 기도하는 일과 말씀 사역에 힘쓰리라" 행 6:4

제자들은 이 비밀을 알았기에 오로지 기도하는 일과 말씀 사역에 힘썼고, 결과적으로 그들의 사역에 능력이 나타난 것입니다. 마

가의 다락방에 성령이 임한 사건도 그들이 전적으로 기도에 힘쓰는 순종을 했기 때문입니다.[16]

역사상 가장 위대한 기도의 사람 중 하나인 E. M. 바운즈는 매일 새벽 4시에 일어나 기도하면서 홀로 하나님을 만났으며, 대개 아침 7시까지 기도하면서 시간을 보냈습니다.[17] 그리고 1913년 세상을 떠나는 날까지 중보기도와 저술 활동, 순회 부흥사역 등에 헌신했습니다. 그는 생전에 골로새서 4장 2절의 "기도를 계속하고 기도에 감사함으로 깨어 있으라"라는 말씀을 '강해진다', '어떤 상태에 머물러 있는 능력', '확고한 태도를 지키는 것', '무언가를 단단히 붙잡고 끝까지 고수하면서 끊임없이 관심을 나타낸다'는 뜻으로 설명했습니다.[18]

저는 임계점 기도를 시작한 이후로 지금까지 단 한 번도 새벽에 일어나는 것이 싫고 고통스러웠던 적이 없었습니다. 그래서 한결같은 모습으로 기도할 수 있었던 것 같습니다.

찰스 스펄전 목사님은 "우리는 기도하고 싶은 마음이 들 때 기도해야 한다. 그처럼 좋은 기회를 무시하는 것은 죄가 되기 때문이다. 기도하고 싶지 않을 때도 기도해야 한다. 그처럼 건강하지 못한 상태에 주저앉아 있는 것은 위험하기 때문이다"라고 했습니다.

그렇습니다. 우리는 기도하고 싶은 마음이 들 때도, 기도하고 싶지 않을 때도 기도해야 합니다. 임계점 기도를 하면서, 기도하고 싶지 않을 때 그것을 이기고 기도하는 것이 매우 중요하다는 사실을 깨닫게 되었습니다. 감정의 문제는 한 번 극복하면 계속해서 이길 수 있기 때문입니다.

기도는 노동이 아닙니다

기도는 천지를 지으신 만군의 하나님과 독대하는 기쁨의 자리입니다. 제가 오랜 시간 기도하면서 달라진 점이 있다면 기도가 지루하거나 힘들지 않고 오히려 축제의 시간으로 변했다는 사실입니다. 기도의 자리가 하나님의 임재와 그 안에서 누리는 긴밀한 교제로 가득 채워지게 되었습니다.

사람들이 기도를 오래 하지 못하는 데는 잘못된 선입견과 고정관념이 한몫을 차지합니다. 즉 과거 베네딕투스(베네딕토) 수도사가 추구했던 삶의 규칙을 뜻하는 "기도하고 일하라"(Ora et Labora)는 기도와 노동의 조화를 의미하는 것을 "기도는 노동이다"로 잘못 이해해서 기도를 노동처럼 어렵게만 생각하는 경향이 있기 때문입니다. 그래서 기도를 고된 시간으로 어렵게 느껴 기도의 진보를 경험하기 어려웠던 것입니다.

기도는 육신의 힘이 아닌 마음으로 하는 것입니다. 그러므로 무엇보다 마음을 잘 준비해야 합니다. 그런 의미에서 기도하는 성도의 다른 이름은 '마음 전문가'입니다.

> "모든 지킬 만한 것 중에 더욱 네 마음을 지키라 생명의 근원이 이에서 남이니라" 잠 4:23

예수님께서는 물론 늦은 밤에도 기도하셨지만(눅 6:12) 대부분은 아직 어둠이 사라지지 않은 이른 새벽에 하나님 앞으로 나아가셨습니다. 공생애의 바쁜 일과로 인해 새벽이 아니면 기도할 시간이 없었기 때문입니다. 역사상 뛰어난 영적 인물들 역시 대부분 새벽의 사람이었습니다. 마르틴 루터, E. M. 바운즈 등은 매일 새벽 4시에 일어나 3시간의 기도를 드렸습니다.

당시에는 지금처럼 새벽기도의 모임시간이 따로 정해져 있지 않았지만, 그들은 한결같이 새벽에 일어나 하나님과 교제함으로 수많은 유혹과 도전에 대처할 수 있도록 영적인 준비를 했고, 이로 인해 각자 맡은 일을 충성스럽게 감당할 수 있었습니다.

마르틴 루터는 "그리스도인의 직업은 기도하는 것이다"라고 기도에 대해 강조했으며 E. M. 바운즈 역시 "분명히 말하지만 한 가지 타당한 이유로 인해 설교자의 직업 역시 기도하는 것이 되어야 한다"고 말했습니다.

🌱 기도는 하나님께 모든 것을 맡기는 것입니다

기도에 해당하는 히브리어 원어는 '테필라'(tefila)입니다. 이 '테필라'의 어원은 '팔랄'이며, '개입', '판단', '중재'라는 탄원의 의미가 있습니다. 탄원은 그 표면적 의미로 보면 법적 요구의 성격을 가집니다.

우리의 기도는 이러한 탄원으로 올려집니다. 그러면 하나님께서 들으시고, 판단하시고, 개입하시고, 중재하시는 것입니다. 그러므로 기도의 응답은 하나님께 모든 것이 달려 있습니다. 진정한 기도는 자신이 아닌 하나님의 뜻을 구하는 것이며, 하나님의 판단에 모든 것을 맡기는 것입니다. 자신의 꿈과 운명조차 하나님께 맡길 때 합당한 기도가 됩니다.

기도의 의미가 이렇게 바뀔 때 자기중심적이었던 기도가 우리 기도를 들으시고 판단하시고 개입하시는 하나님께로 향하게 되는 것입니다. 그러나 우리는 종종 자신의 뜻을 일방적으로 구하면서 하나님이 모든 것을 판단하신다는 사실을 잊어버립니다. 그러다 보니 하나님의 판단을 기다리는 끈질긴 기도를 야곱과 한나처럼 하지 못하는 것입니다. 또한 우리의 기도에 개입하시는 하나님의 중재가 그 기도의 양과 관계가 있으며, 때가 차면 그 응답이 기적적으로 나타난다는 사실을 간과하기도 합니다.

"때가 차매 하나님이 그 아들을 보내사" 갈 4:4

🌱 임계점 기도에도 '72:1 법칙'을 적용해야 합니다

'72:1 법칙'은 사람이 마음먹은 일을 72시간, 즉 3일 안에 행동으로 옮기지 않으면 성공 확률이 1퍼센트도 안 된다는 법칙입니다. 임계점 3시간 기도에 대한 결심을 했다면 3일 안에 시행하는 것이 이 기도에서 성공하는 한 방법입니다.

성경에 보면 다윗이 결심한 바를 하나님께 고백하기를 "하나님이여 내 마음이 확정되었고 내 마음이 확정되었사오니"(시 57:7)라고 합니다. 이 말은 '뜻을 정했다'는 의미이기도 하지만 '첫 열심이 생길 때 밀어붙인다'는 의미입니다.

저는 그동안 임계점 기도 세미나와 집회들을 통해 3시간 기도를 결심하는 많은 분들을 보았습니다. 그리고 그중 결단하고 빨리 시행한 분들이 대개 3시간 임계점 기도를 돌파한다는 것을 경험으로 깨달았습니다. 그저 도전적인 권면 정도로 받아들이는 데서 그치지 않고 마음으로 작정한 뒤 가능한 한 빨리 실천하면 누구나 기도에서 획기적인 전환점을 맞을 수 있게 됩니다.

🌱 성경에서 말하는 성공에는 멈춤이 없습니다

성경에서 하나님이 주시는 성공은 멈추지 않고 점점 계속되는 것을 말합니다. 그러한 성공을 경험했던 인물이 바로 다윗입니다. 다윗은 시간이 갈수록 점점 강해졌습니다. 그리고 그 비결은 기도였습니다.

> "만군의 여호와께서 함께 계시니 다윗이 점점 강성하여 가니라"
> 대상 11:9

> "주의 종이 주 앞에서 이 기도로 간구할 마음이 생겼나이다"
> 대상 17:25

> "하나님이여 내 마음이 확정되었고 내 마음이 확정되었사오니 내가 노래하고 내가 찬송하리이다 내 영광아 깰지어다 비파야, 수금아, 깰지어다 내가 새벽을 깨우리로다" 시 57:7-8

🌱 한국교회에서 새벽기도가 사라지고 있습니다

한국교회에는 과거부터 독특하게 새벽기도가 있었습니다. 이 새벽기도를 통해 많은 교회가 부르짖고 눈물의 기도를 드리면서 크게 부흥하고 성도들도 복을 받았습니다. 한국교회의 대표적인 토착 신앙 형태로 자리 잡고 있는 이 새벽기도가 정확하게 언제, 누구에 의해 시작되었는지는 알 수 없습니다. 흔히 길선주 목사님을 새벽기도의 창시자(1906년)로 언급하지만, 당시 선교사들의 보고에 의하면 이미 그 이전에 새벽기도를 하는 교인들이 있었습니다.

"아침 여섯 시가 되자 마치 아침을 알리는 시계처럼 건너편에 있던 교인들이 일어나 찬송을 부르며 기도를 하는 바람에 나도 일어나야 했다. 그런데 그다음 날에는 새로 몇 사람이 오더니 4시에 사람을 깨워 무려 한 시간 반 동안이나 예배를 드리는 것이었다. 나로서는 그렇게 일찍부터 일어나 헌신하지 않아도 될 것으로 여겨 어두울 때는 자고 이야기할 것이 있으면 낮에 하라고 권면했다."[19]

농경사회의 기반에서 새벽은 새로운 시작이요, 종교적으로는 신령한 기운이 충만한 시간이라 동양의 전통 종교인들은 이때 기도했습니다. 불교의 새벽 예불이나 도교에서 북극성을 향해 기도하는 시간, 민간에서 부인들이 먼저 일어나 정화수를 떠놓고 기도하는 시간도 이때입니다. 이런 기도의 습관이 몸에 배어 있었기에 우리 선조들은 기독교 신앙을 받아들인 후에도 새벽에 일찍 일어나 옥황상제나 천지신령(일월성신)이 아닌 하나님께 기도했습니다.

다른 나라에서 찾아볼 수 없는 한국교회 특유의 새벽기도 전통이 이렇게 해서 수립되었습니다. 그리고 이 새벽기도가 한국교회의 부흥과 성장에 원동력이 되었음은 누구나 인정하는 분명한 사실입니다.

이젠 서구교회와 선교지 교회들이 앞다투어 이 새벽기도를 배워

가는 상황이 되었습니다. 그런데 정작 한국교회는 점점 새벽기도를 폐지하고 있습니다. 촌각을 다투며 매일 바쁘게 살다 보니 새벽에 교회에 나오는 성도가 별로 없기 때문이라고 합니다. 특히 작은 교회는 더 많은 변명거리가 있습니다.

한편으로는 1990년 이후 한국교회가 부흥의 정점을 찍은 후 교회로 밀려오는 성도들을 위해 프로그램을 만들기에만 급급하고, 심지어 쇠락의 길을 걷고 있는 외국의 교회에서 만든 프로그램들을 도입하면서 이성적인 부분은 성장했으나 오히려 기도의 야성은 점점 사라져가고 급기야는 새벽기도도 점차 사라져가고 있습니다.

🌱 다시 새벽을 깨워야 합니다

개척 초기에는 혼자 새벽예배를 드릴 때가 많았습니다. 그래서 대충 기도하고 집으로 돌아가기 바빴는데, 사실 그때는 사역에서 가장 어려운 것이 매일 새벽에 일어나 기도하는 것이었습니다. 요즘 교회들이 새벽기도를 없애는 이유 중에 성도들이 나오지 않는다는 것이 가장 큰 비중을 차지한다 해도, 목회자나 중직자들 자신이 새벽기도가 힘들어 아예 제도적으로 없애는 것이라고 말하기도 합니다. 또 큰 교회는 담임목사는 참석하지 않은 채 부교역자들이 주로 새벽예배를 인도하기도 하고, 평신도들이 서로 번갈아가며 인도하는 교회도 있다고 합니다.

그러나 예수님은 항상 새벽에 깨어 기도하셨음을 잊지 말아야 합니다.

임계점 기도를 드리면서 나는 새벽예배가 귀찮고 싫었던 적이 한 번도 없습니다. 우리 교회는 새벽 4시부터 15분 정도 새벽예배를 드린 후에 7시까지 임계점 기도를 드리고 있습니다. 새벽기도 자체를 4시에 시작하는 것입니다. 중간에 온 성도들은 자유롭게 개인적으로 기도하면 됩니다. 4시에 시작되는 새벽예배는 15분 정도 찬송, 성경통독, 요약설교, 선포기도(주기도문)의 순으로 진행되고, 이어 통성기도를 시작합니다. 지금은 매월 첫 주를 공식적인 임계점특별새벽기도회로 정해 진행하고 있습니다.

참석하는 성도들의 면면을 보면 낮에 집에 있는 분들이 별로 없습니다. 대부분 일터로 나가 하루하루 열심히 사시는 분들입니다. 그런 사정을 알기에 안타까운 마음도 들지만 즐거이 헌신하는 그분들의 모습을 통해 교회의 미래를 보게 됩니다.

현대그룹의 총수였던 고(故) 정주영 씨는 운명을 개척하는 자세에 관해 이런 말을 남겼습니다.

"사람의 운명은 새벽에 무엇을 하느냐에 따라 결정된다."[20]

오스트리아의 물리학자인 폴 데이비스는 자신의 책 『시간의 패러독스』(About Time, 동아출판)에서 "똑같은 시간이라도 사용자에 따라

길거나 짧아질 수 있다"라고 말했습니다.

새벽을 대하는 자세를 바꾸면 일상에 변화가 일어납니다. 새벽에 일찍 일어나려면 밤에 일찍 자야 합니다. 따라서 늦은 밤에 말초신경을 자극하거나 아무 의미 없는 이야기로 우리를 멍하게 만드는 텔레비전과 스마트폰을 과감하게 닫아야 합니다.[21]

또 새벽에 일어나기 어려울 때는 '5, 4, 3, 2, 1' 하고 거꾸로 숫자를 세는 방법을 사용해 볼 수도 있을 것입니다. 이것은 세계적인 밀레니엄 셀러인 『5초의 법칙』(The 5 Seconds Rule, 한빛비즈)에 나온 방법으로, 사람이 무슨 일을 할 때 '5, 4, 3, 2, 1' 이렇게 숫자를 거꾸로 세면 쉽게 그 일을 할 수 있다고 합니다.

사실 나는 이 방법을 사용해보지는 않았습니다. 전에는 새벽에 일어나는 것이 고통스럽고 고문이었지만 언제부터인가 기대와 설렘으로 새벽을 기다리게 되었습니다. 기도가 재미있어지고 습관이 되면 자연스럽게 변하는 것입니다. 이제는 자명종 소리에 어렵게 눈을 뜨기보다 아무 주저함 없이 벌떡 일어나는 것이 놀라울 따름입니다.

나는 새벽에 일어나면 가볍게 샤워를 하고 정신과 몸을 바로잡아 최상의 상태를 만든 다음 교회로 출발합니다. 3시 30분이면 교회로 출발해 4시부터 7시까지 강단에서 무릎을 꿇고 기도합니다.

임계점 3시간 새벽기도를 위한 워밍업

1. 일찍 잠자리에 든다.
2. 샤워나 세면으로 정신을 맑게 한다.
3. 새벽기도 전에 일어나 성경을 통독한다.
4. 화장실은 미리 다녀온다.
5. 목을 보호하는 물을 준비한다.
6. 어떤 신체 상태에서든지 기도를 시작한다.
7. 기도의 분량을 스스로 미리 정하지 않는다.
8. '주여 삼창'이나 부르짖는 기도로 기도의 문을 연다.
9. 머리를 짜내는 기도보다 성령께 기도의 입술을 맡긴다.
10. 기도 중에 사용할 수 있도록 중보기도 노트를 준비한다.

중보기도의 지경을 넓히는 임계점 기도

임계점 기도는 중보기도의 지경을 넓혀줍니다. 점점 자신을 위한 간구에서 이웃을 위해 기도하는 중보기도로 나아가게 합니다. 성경은 응답되지 않는 기도를 언급하며 그것은 자기 정욕을 위해 잘못 구하기 때문이라고 말합니다. 그러므로 임계점 기도를 통해 자기중심의 기도에서 이웃을 위한 기도로 영적인 전환이 일어나야 하는 것입니다.

"구하여도 받지 못함은 정욕으로 쓰려고 잘못 구하기 때문이라"약 4:3

노방전도를 하다 보면 믿는 자든 불신자든 모두가 좋아하는 말이 있습니다. "혹시 기도제목이 있으십니까? 제가 새벽에 그것을 위해 기도해 드리겠습니다"라고 말하면 대부분 거부하지 않고 흔쾌히 이런저런 기도제목을 말해줍니다. 그렇게 노트에 기도제목을 적어와 새벽에 그 영혼들을 위해 기도했습니다. 그러면서 '통곡의 벽'이라는 중보기도 사역을 시작하게 되었습니다.

'통곡의 벽'은 본래 예루살렘 성전 서쪽 벽을 칭하는 말입니다. 서기 70년경 6만의 대군과 함께 예루살렘을 함락시킨 로마의 티투스(Titus) 장군은 유대인들의 정신적 지주였던 성전을 완전히 파괴한 뒤 위대한 로마의 힘을 보여주기 위해 서쪽 성벽 일부만을 남겨놓았습니다. 그런데 그 서쪽 성벽 앞에서 기도하는 순례자들의 모습을 보고 사람들이 '통곡의 벽'(Wailing Wall)이라는 이름을 붙이게 된 것입니다. 사람들이 이 통곡의 벽에서 기도하는 것은 지성소가 있던 위치와 가장 가까운 곳이기 때문이라고 합니다. 지금도 유대인들은 자신의 기도문을 통곡의 벽 사이에 빼곡하게 끼워 넣고 기도합니다.[22]

여기서 착안하여 '통곡의 벽'이라 이름 붙이고 중보기도 사역을 시작하게 된 것입니다. 교회 홈페이지에 기도제목이 게시되거나 직접 중보기도 카드를 받으면 '통곡의 벽' 코너에 올려 온 성도가 함께 기도합니다. 급한 기도제목은 기독교복음방송 'Good TV'의 '능력의 기도' 시간을 통해 연합해 중보기도를 진행하기도 합니다. 전에는 '나', '내 가족', '내 교회'를 위해 기도하기에 급급했지만, 이제는 임계점 기도를 통해 중보기도 사역의 지경이 넓어졌음에 더욱 감사하게 됩니다.

> "믿음의 기도는 병든 자를 구원하리니 주께서 그를 일으키시리라 혹시 죄를 범하였을지라도 사하심을 받으리라 그러므로 너희 죄를 서로 고백하며 병이 낫기를 위하여 서로 기도하라 의인의 간구는 역사하는 힘이 큼이니라" 약 5:15-16

중보기도의 영역

우리 시대의 위대한 중보기도자요 대학생선교회(CCC)의 설립자인 빌 브라이트(Bill Bright) 박사는 자신의 유작 『죽음을 초월한 위대한 신앙인 빌 브라이트』(The Journey Home, 미션월드)에서 '누구를 위해, 무엇을 위해 기도할 것인가'에 대해 설명하면서 이렇게 시작합니다.

> "언제나 하나님의 말씀을 붙잡고 기도하십시오. 믿음을 가지고 하나님의 말씀을 하나님에게 다시 들려드리십시오. 이렇게 기도할 때 우리는 하나님의 뜻을 따라 기도하게 됩니다."[23]

빌 브라이트 박사가 제시하는, 우리가 기도해야 할 대상과 그때 붙잡을 수 있는 하나님의 말씀은 다음과 같습니다.

*가족들과 아는 사람들의 구원을 위해 그들의 이름을 부르면서 기도하라.

> "주의 약속은 어떤 이들이 더디다고 생각하는 것같이 더딘 것이 아니라 오직 주께서는 너희를 대하여 오래 참으사 아무도 멸망하지 아니하고 다 회개하기에 이르기를 원하시느니라" 벧후 3:9

*가족들, 친지들, 교회와 사역을 위해 축복하며 기도하라.

> "야베스가 이스라엘 하나님께 아뢰어 이르되 주께서 내게 복을 주시려거든 나의 지역을 넓히시고 주의 손으로 나를 도우사 나로 환난을 벗어나 내게 근심이 없게 하옵소서 하였더니 하나님이 그가 구하는 것을 허락하셨더라" 대상 4:10

*당신을 저주하고 모욕하는 사람들이나 적대적인 관계에 있는 사람들

을 축복하며 기도하라.

> "너희를 저주하는 자를 위하여 축복하며 너희를 모욕하는 자를 위하여 기도하라" 눅 6:28

*정부와 기타 지도자들을 위해 기도하라.

> "그러므로 내가 첫째로 권하노니 모든 사람을 위하여 간구와 기도와 도고와 감사를 하되 임금들과 높은 지위에 있는 모든 사람을 위하여 하라 이는 우리가 모든 경건과 단정함으로 고요하고 평안한 생활을 하려 함이라 이것이 우리 구주 하나님 앞에 선하고 받으실 만한 것이니 하나님은 모든 사람이 구원을 받으며 진리를 아는 데에 이르기를 원하시느니라" 딤전 2:1-4

*전 세계에 영적 부흥이 일어나도록 기도하라.

> "공의는 나라를 영화롭게 하고 죄는 백성을 욕되게 하느니라" 잠 14:34 [24)]

조용기 목사님도 자신의 책 『어떻게 기도할 것인가?』에서 일곱 가지의 중보기도를 소개합니다. [25)]

첫째, 교회를 위한 기도
둘째, 나라와 민족을 위한 기도
셋째, 이웃을 위한 기도
넷째, 배우자와 자녀를 위한 기도
다섯째, 부모와 형제를 위한 기도
여섯째, 자기 자신을 위한 기도
일곱째, 세계 인류를 위한 기도

중보기도는 영적 전쟁입니다

우리의 싸움은 보이지 않는 영들과의 싸움입니다. 이러한 영적 전투를 위해 교회에서 끊임없이 지속적이고 체계적인 기도사역이 일어나야 합니다. 그래야 주님의 몸 된 교회가 악한 영들을 향해 돌진해 나갈 수 있으며 복음사역에서 승리를 지속할 수 있습니다. 교회의 승리와 전진은 지속적인 기도로 이루어지는 주님의 축복입니다.

내가 중보기도를 기쁨으로 기꺼이 드릴 수 있게 된 것은 어느 날 믿음으로 붙잡은 말씀 덕분입니다.

"하나님이 그들에게 복을 주시며 하나님이 그들에게 이르시되
생육하고 번성하여 땅에 충만하라, 땅을 정복하라, 바다의 물

고기와 하늘의 새와 땅에 움직이는 모든 생물을 다스리라 하시
니라"창 1:28

이 말씀을 이웃과 사역에 적용해 선포하며 기도합니다.

"주님, 교회가 생육하고 번성하고 충만하고 땅을 정복하게 하
옵소서!"
"주님, 사랑하는 주님의 자녀가 이 땅을 정복하고 다스리는
승리자가 되게 하옵소서!"

그러다 보면 어느샌가 춤을 추며 기도하고 있는 한 중보자를 보
게 됩니다. 이처럼 우리는 우리의 교회와 이웃에게 승리와 축복의
마중물이 되어줄 수 있습니다.

현실은 영의 세계에 지배를 받습니다

구약성경에 이스라엘 민족이 가나안으로 가는 도중에 르비딤에
서 아말렉과 전쟁을 하게 됩니다. 모세는 아론과 훌을 데리고 높은
산에 올라가 손을 높이 듭니다. 그런데 놀랍게도 손을 높이 들면 이
스라엘이 이기고 손을 내리면 이스라엘이 지는 것입니다. 모세의 팔
이 아말렉과의 전쟁에서 승패를 좌우하고 있었습니다. 그때 아론과

훌이 전쟁이 끝날 때까지 모세의 손을 들어 주어서 결국 전쟁에서 이겼습니다(출 17:8-13). 손을 높이 들었다는 것은 기도했다는 의미입니다. 이것은 분명 현실은 영의 지배를 받는다는 것을 보여주는 것입니다.

> "믿음으로 모든 세계가 하나님의 말씀으로 지어진 줄을 우리가 아나니 보이는 것은 나타난 것으로 말미암아 된 것이 아니니라"
> 히 11:3

현실을 바꾸려면 기도해야 합니다. 왜냐하면 기도는 하나님의 방법이기 때문입니다.

『내게 힘을 주는 교회』에서 한홍 목사님은 "불같이 기도하는 교회가 성도들에게 힘을 주는 교회다"라고 말합니다. 피곤한 성도들을 위해, 지쳐 있는 목회자를 위해 아론과 훌처럼 피곤한 손과 연약한 무릎을 세워주는 중보의 기도는 강력한 돌파력을 갖게 합니다.

🌱 기도는 세계를 변화시킵니다

젊은 시절, 선교에 대한 기도를 많이 하던 때가 있었습니다. 그때 붙잡은 슬로건이 "기도는 세계를 변화시킨다"입니다. 우리는 열방으로 중보기도의 지경을 넓혀가야 합니다. 세계의 교회들이 '임계점

3시간 기도의 법칙'을 통해 다시 한번 사도행전의 부흥을 경험하게 되기를 간절히 바랍니다.

나는 수년 전 꿈을 통해 1907년 평양에 임했던 부흥의 모습을 본 적이 있습니다. 꿈에서 평양대부흥이 일어났던 곳을 방문했는데 얼마나 많은 사람이 모였는지 모릅니다. 그곳에서는 찬양과 말씀 선포가 계속되고 있었습니다. 덩달아 강력한 성령의 기름부으심을 받은 나는 어느새 잠결에도 흐느끼고 있었습니다. 비록 꿈이었음에도 생시같이 너무나 강력했습니다. 그로부터 3개월 정도 지난 뒤 나는 교단의 청소년캠프를 기획해달라는 요청을 받았습니다. 이때 그 생생했던 부흥의 현장을 떠올리며 간절히 사모하는 마음으로 '오순절의 부흥'이라는 찬양의 가사를 쓰게 되었습니다.

찬양곡 '오순절의 부흥'

온 세계를 덮는 부흥 우리에게 주소서
온 세상을 변화시킨 오순절의 성령 우리게 임하소서
권능으로 일어난 강한 군대로 우릴 세우소서
끝없는 기적의 역사 우리도 보게 하소서
주의 성령 주의 능력 주의 은혜 주의 사랑

이 세대를 덮으소서 이 땅을 덮으소서

우주 가득한 주의 영광 우리로 보게 하소서
흑암의 권세 아래 고통하는 영혼 안에 임하소서
믿음으로 일어난 주님의 군대로 주 일 이루소서
끝없는 승리의 노래 우리 부르게 하소서
주의 성령 주의 능력 주의 은혜 주의 사랑
이 세대를 덮으소서 이 땅을 덮으소서

오순절의 부흥

* 이 찬양은 박종기 목사의 찬양사역팀인 '홀리 샤워'(Holy shower)에서 발표한 디지털 싱글 1집에 있는 곡입니다.

부흥을 위해 기도하지만 구체적으로 무엇을 어떻게 구해야 할지 모를 때 하나님께 나아가십시오. 성령께서 친히 간구의 영으로 오셔서 우리의 입술로 부르짖게 하실 것입니다. 부르짖는 것이 능력이요, 부흥의 시작입니다. 그리고 우리의 기도가 시작될 때 세상의 모든 흐름이 바뀝니다.

"곧 네가 기도를 시작할 즈음에 명령이 내렸으므로…" 단 9:23

🌱 주님 다시 오실 때까지

임계점 기도를 시작하면서 언제까지 이 기도를 계속해야 하는지 의문이 들 수 있습니다. 나는 그런 분들에게 "주님 다시 오실 때까지, 그리고 우리의 영혼이 육신의 장막을 벗는 임종의 날까지 합시다!"라고 격려합니다. 세상의 소망이 되는 교회가 이 땅에 든든히 서가기 위해서 임계점 기도의 일곱 기둥이 온 교회에 세워져야 합니다. 그리고 그것은 식지 않는 열정과 변치 않는 믿음으로 주님 다시 오시는 날까지 지속되어야 합니다.

> "네가 나의 인내의 말씀을 지켰은즉 내가 또한 너를 지켜 시험의 때를 면하게 하리니 이는 장차 온 세상에 임하여 땅에 거하는 자들을 시험할 때라 내가 속히 오리니 네가 가진 것을 굳게 잡아 아무도 네 면류관을 빼앗지 못하게 하라 이기는 자는 내 하나님 성전에 기둥이 되게 하리니 그가 결코 다시 나가지 아니하리라 내가 하나님의 이름과 하나님의 성 곧 하늘에서 내 하나님께로부터 내려오는 새 예루살렘의 이름과 나의 새 이름을 그 이 위에 기록하리라 귀 있는 자는 성령이 교회들에게 하시는 말씀을 들을지어다" 계 3:10-13

제 나이 오십에 이 책의 집필을 마무리하는데 제 삶의 전성기는 여전히 진행형입니다. 이렇게 특심의 열정으로 가득 찬 삶을 살게 된 것 또한 지금도 내 안에 열정적인 임재로 함께하시는 예수님 때문임을 고백합니다.

　지금 이 시간도 골방과 성전의 기도로 새벽을 깨우며 세계 열방에서 불타는 사명감으로, 땅 끝에서 주를 맞을 그날을 고대하며 임계점 기도로 헌신할 기도의 무릎들을 믿음의 눈으로 봅니다. 또한 식어버린 가슴에 불을 붙여 다시 열정으로 살고픈 모든 이들에게 이 책이 새로운 삶의 변화와 도전의 불씨가 될 것을 믿습니다.

> "기도는 경이요, 친밀감이며, 고단한 씨름이지만 본질에 맞닿은 길이기도 하다. 그만큼 중요하거나, 힘겹거나, 풍요하거나, 삶을 바꿔 놓을 만한 일은 어디에도 없다. 기도만큼 위대한 일은 결단코 없다." – 팀 켈러

자! 이제 임계점 기도를 시작해봅시다.

함께 외칩시다!

"나는 이 기도를 실천해 꼭 변화를 받을 것입니다."

임계점 3시간 기도의 법칙

'72:1 법칙'은 사람이 마음먹은 일을 72시간, 즉 3일 안에 행동으로 옮기지 않으면 성공 확률이 일 퍼센트도 안 된다는 법칙입니다. 3시간 기도에 대한 결심을 했다면 3일 안에 시행하는 것이 임계점 3시간 기도에서 성공하는 방법입니다.

8

'임계점 3시간 기도의 법칙' 체험 및 세미나 후기

'임계점 3시간 기도의 법칙' 체험 후기

다음은 '임계점 3시간 기도의 법칙'을 직접 실행한 분들의 체험 사례입니다.

박광수 목사

박종기 목사님의 임계점 기도는 제 인생과 목회의 터닝포인트가 되었습니다. 세미나 참석 후 새벽 2시부터 5시까지 임계점 기도를 날마다 실행했는데 성령의 기름부으심과 깊은 교제를 체험할 수 있었습니다. 이것은 목회에도 큰 힘이 되었습니다. 이후 설교가 달라졌고, 교회와 목회가 달라졌습니다. 모든 영광을 하나님께 돌리며 감사를 드립니다.

신정화 목사

저는 임계점 기도를 하다 중간에 바쁜 일이 생겨 못하고 있었습니다. 그런데 어떤 일로 충격을 받고 다시 시작해야겠다는 마음이 생겨 다시 기도하고 있습니다. 그러면서 하나님은 기도를 쉬는 것을 기뻐하지 않으신다는 것을 깨달았습니다. 요즘에는 기도하는 데 기쁨이 있습니다. 3시간은 물론이고 때때로 더 하고 싶어서 5시간 동안 기도하기도 합니다. 감사하게도 하나님이 기도하는 사람을 보내주셔서 같이 하고 있습니다. 그렇게 기도를 시작했더니 하나님이 교회의 힘든 일도 정리해주셨습니다. 지금은 기도가 너무 좋고 기쁘고 늘 더 하고 싶습니다. 덕분에 주위에서 임계점 기도 세미나를 언제 하는지 묻는 분이 많이 생겼습니다.

김민석 목사

임계점 기도 세미나를 참석하면서 기도의 불꽃이 다시 타오르게 되었습니다. 박종기 목사님이 강의 후 기도 실습을 통해 안수해 주셨을 때 하늘에서 기도의 능력이 임하는 것을 체험했습니다. 세미나 참석 후 교회에서 매일 저녁 8시부터 11시까지 전 교인이 매일 기도회를 지금까지 한 번도 빠지지 않고 하고 있으며, 새벽 3시간의 임계점 기도를 적용한 후 교회가 날로 부흥하고 있습니다. 주님께 영광 돌리며, 박 목사님께도 감사드립니다.

한창우 목사

임계점 기도를 통해 기적이 일어나고 찬양이 솟아나 마음에 평강이 넘치고 목회에 아름다운 열매가 맺혔습니다.

강태순 목사

신학교 다닐 때부터 네다섯 시간씩 기도 훈련을 했지만 시간이 지나면서 많은 연단을 겪으며 한동안 기도를 쉬게 되었습니다. 이제 다시 임계점 기도의 용사들과 함께 기도하면서 기도가 회복되고 가정과 사역에 형통함이 임하는 것을 체험하면서 너무 감사할 뿐입니다.

임경환 전도사

임계점 기도를 통해 다시 한번 기도의 능력과 도우심을 경험케 되었습니다. 범사에 희망이 생기고 점점 영적 민감함을 가지면서 자부심이 넘쳐나게 되었습니다.

조재균 전도사

임계점 3시간 기도는 제가 하나님 앞에서 영적인 수술을 받고 하늘의 지혜를 얻는 시간이었습니다. 이로 인해 사역자로서는 물론 가정에서도 남편과 아버지로서 바르게 세워지게 되었습니다.

황종남 목사

임계점 기도 세미나를 듣고 은혜를 받은 목회자 몇 분이 자발적으로 기도모임을 만들었습니다. 새벽 4시부터 7시까지 기도 시간을 정하고 부교역자인 저를 리더로 세웠습니다. 처음 100일을 작정하고 기도를 시작할 때, 건강이 약한 상태에서 과연 끝까지 할 수 있을까 자신이 없었지만 100일 임계점 기도를 하고 난 후 이전보다 건강해졌습니다. 남편도 제가 기도하는 모습을 보고 도전을 받아 전도의 열매를 맺고 있으며 임계점 기도 때문이라고 말합니다. 같이 기도의 공동체를 이루어 중보하는 사역자들에게도 많은 간증이 쏟아져 나오고 있습니다. 주님 오실 때까지 기도의 행진은 계속될 것입니다.

'임계점 3시간 기도의 법칙' 세미나 후기

다음은 '임계점 3시간 기도의 법칙' 세미나에 참석한 분들의 후기입니다.

신영수

간결하면서 검증된 기도라 평범함 가운데 보화를 발견한 기분입니다.

한우윤

나와 한국교회를 크게 변화시킬 능력의 기도가 될 수 있다고 확신합니다. 3시간 기도하려는 마음은 늘 있었지만 평소 1시간을 넘기지 못하고 30분 정도만 했습니다. 이제는 어떤 어려움이 있어도 3시간 임계점 기도를 돌파하고야 말겠습니다.

박종찬

책임과 의무에 사로잡혀 있었는데 기도가 축제이자 기쁨이며 즐거움으로 하나님과 더 깊은 관계로 나아가도록 이끄시는 축복의 시간임을 깨닫게 되어 감사드립니다.

류좌형

목회하는 과정에서 기도가 필요하다고 느낄 시기에 임계점 3시간 기도를 통해 동기가 부여되었습니다. 지속적으로 끈질기게 기도하면서 하나님의 보좌 앞으로 나아가야겠다는 결심과 회복의 기회를 주셔서 감사드립니다.

이혜정

그동안 기도는 쉬지 않고 꾸준히 해왔지만 나 자신이 임계점을 지속적으로 넘지는 못했습니다. 임계점 기도에 대해 들으면서 정말로 이제부터는 지속적으로 임계점을 넘어야겠다고 결단합니다. 하나님 나라를 대적하는 것들이 너무나 많고 다음세대를 위해서 더욱더 임계점 기도를 하며 중보해야겠다는 마음을 먹게 되었습니다.

백상욱

매우 유익한 세미나였습니다. 영적인 침체에 빠져 야성을 잃어버린 한국교회에 임계점 기도가 돌파구가 되리라 생각합니다.

김숙한

평소 기도할 때 뚫리지 않았던 부분에 대해 듣게 되었습니다. 아무리 기도해도 답답하고 지루했던 이유를 알게 되니 마음과 가슴이 뻥 뚫린 것 같습니다.

정상훈

짧은 시간 폭발적인 은혜, 기도의 영을 여시는 주의 손길을 봅니다. 이 불길이 한국교회 위에 타오르기를 기도합니다. 교회 안에 이 기도운동이 일어나길 소원하고 기도에, 분량에, 영역에 헌신하겠습니다.

정옥숙

성막을 통해 기도를 단계별로 설명해주셔서 영적으로 새롭게 눈을 뜨게 되었습니다. 이 세미나를 통해 삶 가운데 묶인 것이 풀어지고 하나님의 나라에 꼭 필요한 사람으로 쓰임받게 하실 것이라는 약속을 부여잡게 되었습니다.

손창인

기도하면서 늘 일 퍼센트의 부족함을 느끼고 있던 중에 임계점 기도 세미나를 접하게 되었습니다. 나의 기도가 성소와 지성소에 들어가는 기도가 되지 못하고 있다는 것과 각을 뜨는 결단의 기도가 있어야 성소와 지성소로 들어갈 수 있음을 깨닫게 되어 감사드립니다.

한인원

기도가 식어가는 이 마지막 시대에 침체된 한국교회를 회복시킬 매우 유익한 세미나임을 확신합니다.

최병섭

목사로서 기도를 해야 된다는 부담감 때문에 새벽에도 저녁에도 기도를 했습니다. 그러나 내가 하는 기도 방법이 맞는지 늘 의문이 있었습니다. 그래서 수도원이나 기도원에 가서 배울까 고민도 했습니다. 그러다 이번 임계점 기도를 통해 너무 중요한 것을 깨달았습니다.

염찬호

기도는 노동이라고만 생각했는데 본 세미나를 통해 어렵게만 느껴지던 기도가 주님과 만나는 즐거운 시간임을 깨닫고 생각과 마음이 바뀌었습니다. 그리고 기도는 하나님의 개입이라는 말씀이 너무 좋았습니다. 내가 세워 놓은 계획과 나의 필요를 주님이 채워주시기만을 구한 기도의 시간이 얼마나 많았었는지 부끄럽습니다.

최진혜

임계점 기도 세미나를 통해 막연하고 어렵게 생각했던 3시간 기도의 방법들이 쉽게 풀어졌습니다. 평소 새벽에 1시간가량은 쉽게 기도했지만 연달아 지속적으로 두세 시간 동안 하나님의 임재 안으로 들어간다는 게 어렵게만 느껴졌었습니다. 그러나 목사님의 강의를 듣고 기도는 즐거운 축제이며 하나님과의 관계란 말에 깊은 감동을 느끼며 계속 도전해 보리라 다짐하게 되었습니다.

장한기

간단명료하게 정리된 세미나였습니다. 쉬운 것을 어렵고 복잡하게 만들어 현실감이 없던 신학의 모든 단점을 한꺼번에 해결해준 실천목회의 본보기였습니다. 3시간 기도에 대해 구체적으로 정리해주셔서 더욱 의미 있는 시간이었습니다.

문공환

평소 기도를 잘 하지 못해 기도에 대한 갈급함이 있었는데 박종기 목사님의 강의를 통해 자신감을 가지게 되었습니다. 임계점 기도를 통해 하나님의 뜻을 이루고 문제들을 해결할 수 있다는 것을 깨닫게 되었습니다.

서중례

언제부터인가 건강이 약해지면서 기도를 많이 잃었습니다. 다시 회복하고 싶고 무엇보다 기도가 필요한 시대임을 알기에 기도의 사람으로 살고 싶었는데 이젠 기도로 돌파할 수 있다는 확신이 들었습니다.

○○○ 목사

그동안 단순히 기도의 양적 시간만을 강조하면 부작용이 따르는 것을 많이 봐왔습니다. '하루에 몇 시간 기도' 이런 식으로 그저 따라 하려다 보면 자칫 기도가 중언부언식으로 될 수 있다는 생각도 했었습니다. 그러나 목사님 세미나에는 영적인 돌파가 왜 필요한지, 시간대별 기도에 어떤 영적인 차이가 있는지에 대한 설명이 있어 3시간 기도에 도전을 받는 계기가 되었습니다. 마르틴 루터를 비롯한 기도의 사람들이 했던 3시간 기도에 대해 도전받고 시도해보고자 하는 목표가 생겼습니다.

박봉성

기도에 대한 경험이 많지만 기도가 식어지고 연약해진 나의 모습을 발견하면서 해결방법을 찾던 중에 목사님을 만나 앞으로 더욱 행복한 목회가 될 것 같습니다.

곽성열

기도에 대해 다시 한번 도전이 되었습니다. 기도의 중요성은 알았지만 양적 시간에 대한 부분은 크게 생각하지 않았음을 깨닫게 되었습니다. 특히 성막과 임계점 기도 3단계의 연결은 탁월한 적용인 것 같습니다.

이미정

개척교회 7년 동안 지켜주신 하나님의 은혜에 감사드립니다. 그러나 그동안 항상 기도에 갈급해하면서도 영적 전쟁을 두려워하며 육신으로 이기려 했던 것이 개인적으로 한계에 다다랐던 상황이었습니다. 가장 적절한 시기에 하나님께서 기도로 돌파구를 찾게 하심에 감사드립니다.

조수민

저는 방언을 하지 못합니다. 어떻게 하는지도 모릅니다. 그러나 기도할 때 머리를 짜내려 애쓰지 말고 주님께 모든 것을 맡기고 부르짖으라는 말씀이 와 닿았습니다.

김규태

임계점 기도의 중요성을 깨닫게 해주셔서 감사드립니다. 사실 목사이지만 1시간도 기도하기가 쉽지 않았습니다. 3시간의 기도가 아직은 어렵겠지만 항상 임계점 기도를 의식하며 노력해 임계점에 도달하도록 하겠습니다.

이세호

기도의 실제가 무엇인지 구체적으로 체험한 시간이었습니다. 그동안 기도를 하긴 했으나 임계점에 다다르지는 못했는데 이제 이유를 알았습니다. 주님께서 주시는 힘으로 기도를 실천하는 사람이 되겠습니다.

윤미숙

기도의 임계점 3시간을 반드시 돌파하리라는 결단과 교회를 살리고자 하는 마음으로 세미나에 두 번째 오게 되었습니다. 이를 위해 선약까지 뒤로하고 참석했는데 참으로 최고의 선택이었다는 생각이 듭니다. 두 번째 참석했으나 전혀 진부하거나 지루하지 않고 오히려 마음이 뜨거워지고 영이 더욱 굳건해지는 것을 느꼈습니다. 목사님을 통해 기도의 부흥이 일어나 조국교회에 1907년의 대부흥이 재현되기를 기대합니다.

백열환

임계점 기도는 권세 있는 기도이며, 매우 명료하고 단순하고 분명한 해답을 주는 기도, 하나님의 임재 안에 들어가는 가장 확실하고 쉬운 기도라 여겨집니다.

김상기

보통 1시간 정도의 기도생활에 만족해왔는데, 성막에 대한 설명을 통해 3시간 기도의 단계가 갖는 의미와 하나님과의 관계를 더 깊이 추구하는 것이 가장 귀한 기도의 부르심이라는 것을 알게 되었습니다. 기도는 즐거운 헌신임을 영 깊이 새깁니다.

김순옥

'임계점'이라는 말의 의미를 여러 가지로 생각해 보았습니다. 3시간 동안 기도해야 하는 이유가 예수님의 겟세마네 기도에 있다는 근거가 타당하게 생각되었고, 3시간의 기도를 성막의 뜰,

성소, 지성소의 3단계로 설명하시고 성도의 기도가 향으로 지성소를 넘어가는 것임을 말씀하실 때 가슴이 뜀을 느꼈습니다. 그렇습니다. 기도는 하나님과의 관계가 깊어지는 시간입니다.

문순희

기도의 임계점으로 들어가는 영적 깨달음과 도전을 주셔서 감사합니다. 뜰과 성소, 지성소의 비유를 통하여 하나님 앞으로 더 가까이 나아갈 수 있는 법칙을 깨닫고 할 수 있다는 자신감을 가지게 되었습니다.

김석호

임계점이란 단어는 사용하지 않았지만 늘 임계점 기도로 나아가길 힘썼는데 지속적인 기도가 부족했던 것 같습니다. 이렇게 도전받은 마음으로 임계점을 넘는 기도를 시작하겠습니다.

박봉성

기도에 대한 경험은 많지만 기도가 식어지고 연약해진 나의 모습을 발견하면서 해결책을 찾던 중에 목사님을 만나게 되어 앞으로 더욱 행복한 목회가 될 것 같습니다.

미디어 속에서 **임계점 3시간 기도의 법칙** 을 말하다

주님이 하셨습니다!

'임계점 3시간 기도의 법칙' 체험 및 세미나 후기

임계점 기도
칼럼 모음

1. 중간에 안 된다고 포기하지 마세요!

나는 대부분의 성도들이 삶에서 포기하고 낙심하는 이유가 성령충만과 기도의 실패에 있다고 생각합니다. 회복과 돌파는 쉬운 것이 아니지만 문제의 원인을 유추해보면 기도소리가 끊어지고 성전의 불이 꺼져 있기 때문이라고 봅니다.

계속해서 더 큰 비전과 계획을 발견하고 사역의 장을 넓히려면 성령충만과 기도의 능력을 회복하는 일이 우선입니다!

교회에서 '임계점 3시간 특별새벽기도회'를 진행하다 보면 성도들과 사역자들 중에 먼 거리에 사시는 분들은 교회에서 밤을 지새우며 임계점 기도에 열중하는 모습입니다. 또 혼자서는 기도의 돌파가 어려워 그 새벽시간에 기도의 자리로 나아오는 성도들도 있습니다. 기도의 모닥불이 되는 귀한 성도들과 기도의 동역자들에게서 깊은 감동을 받습니다.

요즘은 새벽기도회가 없는 교회도 있고, 새벽에 모이더라도 잠깐 예배드린 후 10~20분 정도 기도하는 것으로 만족하거나 아예 아침예배로 모이는 교회들도 있습니다. 이런 기도로는 세상을 이기기는커녕 개인의 믿음을 지키기도 힘들겠다는 생각이 듭니다.

저는 창세기 1장 28절의 "하나님이 그들에게 이르시되 생육하고 번성하여 땅에 충만하라, 땅을 정복하라, 바다의 물고기와 하늘의 새와 땅에 움직이는 모든 생물을 다스리라 하시니라"라는 말씀을 늘 성도들에게 가르칩니다.

교회 된 성도는 이 땅에서 생육하고 번성하고 충만하고 정복하고 다스리는 승리자로 살아야 합니다. 이것을 가능케 하는 것이 성령으로 충만한 믿음의 삶입니다!

2. 임계점 3시간
특별새벽기도회

'임계점 3시간 기도의 법칙' 세미나로 수많은 목회자와 기도사역자를 만났습니다. 모두가 동일하게 사모하는 것은 '어떻게 하면 기도를 더 잘할 수 있는지', 그리고 '지속적으로 길게 할 수 있는지' 하는 것이었습니다.

이에 대해서 "재미가 있어야 기도를 길게 할 수 있다!"라는 제 강의와 가르침이 문제의 해답이 되기를 간절히 바랄 뿐입니다. 그래도 많은 목회자와 교회가 '임계점 3시간 기도'에 도전한다는 소식을 들을 때면 감사하고 보람이 느껴집니다. 임계점 기도와 연결해 진행되는 부흥회에 참석한 교회들은 꼭 작정해서 특별임계점기도회를 시행하는 것을 보면서 한편으론 놀라울 따름입니다.

제가 섬기는 교회에서도 매달 첫 한 주간을 매일 새벽 4시부터 7시까지 '임계점 3시간 특별새벽기도회'를 진행하고 있습니다. 감사하게도 기도에 도전하는 성도들과 그 뜨거움이 목회자인 저에게 큰 격려가 됩니다. 새벽을 깨우며 시작되는 '임계점새벽기도'는 더욱 많은 간증과 기적으로 채워져 나갈 것을 믿습니다!

온 교회가 기도할 때 반드시 선순환의 사건들이 있기 때문입니다.

3. 지금은 기도로 부흥의 우물을
다시 파야 할 때입니다

"성도 여러분, 희망을 가지십시오! 지금 기도하면 모든 흐름을 바꿀 수 있습니다!"

암울하던 개척의 시기에 저는 기도를 붙잡을 수밖에 없었습니다. 아니, 기도밖에 할 수 있는 게 없었습니다. 이제 수년의 세월이 지나고 기도가 저의 인격이 되고 교회와 주변에 영향력이 나타나게 되었습니다. 점점 기도가 무엇인지 알아가게 되니 너무도 감사한 시간들입니다.

지금은 부흥의 우물을 다시 파야 할 때입니다. 한국교회가 기도로 그 부흥을 다시금 경험하게 되기를 소망합니다!

4. "너를 통해 내 교회를 세우리라"

사람을 창조하신 하나님은 그 사람이 어떤 때 가장 기쁘고 행복한지 아십니다. 사람은 하나님과 동행할 때 가장 행복합니다. 그러나 죄로 말미암아 하나님과의 동행이 단절된 우리 인간은 절망과 고통의 삶, 죽음의 심판을 받게 되었습니다. 그런 우리를 구원하시기 위해 하나님은 그리스도를 약속하셨고, 마침내 하나님의 때에 이 땅에 오신 예수님께서 그리스도와 메시아로 십자가를 지심으로 구약과 신약의 모든 성도에게 생명의 삶을 주셨습니다.

> "아담 안에서 모든 사람이 죽은 것같이 그리스도 안에서 모든 사람이 삶을 얻으리라" 고전 15:22

누구든지 그리스도 예수 안에 있으면 새롭고 풍성한 삶을 살게 됩니다. 그분이 우리 안에 거하시는 사건이 우리를 성도로 부르신 구원의 사건이요, 이로써 하나님은 우리를 교회라 부르십니다. 그리고 "너를 통해 나의 교회를 세우리라"는 말씀은 저에게 주신 은혜의 사명입니다!

5. "너희 조상의 분량을 채우라"

우리 집안은 겨우 2대째 신앙의 가정입니다. 그것도 부모님이 늦게 믿으셔서 사실 겨우 구원을 받으셨을 정도로 믿음의 유산이 그리 많지 않습니다. 또한 우리 집안은 과거 무당과 절간을 찾아 제사하며 귀신을 섬겼던 불신앙 가문이었습니다.

"너희가 너희 조상의 분량을 채우라" 마 23:32

이 말씀은 예수님께서 서기관과 바리새인들의 죄악상을 지적하시며 "너희 조상들의 죄를 더 채우라" 곧 심판의 때를 말씀하시는 것이지만 저는 역설적으로 우리 조상들의 죄악을 회개하며 이제 우리 조상들이 채우지 못한 말씀과 기도를 채우리라 결심해봅니다. 그래서 더더욱 임계점이라는 기도의 양을 채우는 데 집중하는 것입니다.

"하나님의 말씀과 기도로 거룩하여짐이라" 딤전 4:5

6. 미치면 통(通)한다지 않는가!

'미치다'라는 말에는 긍정적인 측면에서 '공간적 거리나 수준 따위가 일정한 선에 닿다'라는 의미가 있는데 참 마음에 와 닿습니다.

'새벽기도 3시간 기도'에 미치면 분명 기적이 일어난다는 것을 느낍니다. 그래서 과거 기도의 사람들이 "3시간 기도하면 기적이 일상이 된다"라는 말을 했던 모양입니다. 저는 확실히 기도의 임계점이 존재한다는 것을 깨닫게 되었습니다. 그래서 기도하면 할수록 더더욱 깨달은 사실을 다른 이들과 나누고 싶어집니다.

얼마 전에 어떤 장로교 목사님을 만났는데, 그동안 교회 장소를 네 군데나 옮겨가며 쉽지 않은 목회의 시간을 보내고 계셨습니다. 그런데 기도하고 또 기도하다 성경 말씀이 통으로 꿰뚫어져 해석되고 연결되는 은혜를 받으셨답니다. 즉 기도에 미치면 통한다는 말을 실제로 경험하신 것입니다.

이제 전국 세미나 투어를 준비하면서 더 많은 기도의 용사가 하늘로 통하는 임계점 기도를 경험하게 되길 소망합니다.

7. 놀라운 반응이다

  작년에 시작한 임계점 기도 세미나에 전국의 목회자들과 성도들이 큰 반응을 보이는 것이 너무도 놀랍기만 합니다. 이구동성으로 한국교회에 꼭 필요한 강의라는 후기를 남겨주신 것을 보면서 이 일을 시작하게 하신 하나님께 감사를 드립니다.

  사실 임계점 기도 세미나를 시작하려던 무렵 주변에서 "누가 해도 기도 세미나는 되지 않는다", "사람이 모이지 않을 거니까 포기해야 한다", "다 하는 건데 뭐 그런 걸 새삼스럽게 하느냐!" 등 우려의 말들이 많았습니다. 그런데 뚜껑을 열어보니 그게 틀렸다는 것을 알게 되었습니다. 그저 시도조차 하지 않은 채 갖고 있던 노파심에 불과했던 것입니다.

  이제 '임계점 3시간 기도의 법칙' 세미나는 세계적으로 쓰임받고 있습니다. 최근에는 중국 비자를 신청하면서 그 어렵다는 미국 비자까지 미리 받았습니다. 기도를 통해 일하실 주님께 더욱 감사드립니다.

8. 기도의 양이 왜 중요하냐고요?

　기도는 물론 그 내용이 중요합니다. 그래서 깊은 영성에서 나오는 기도는 분명 자기부인을 포함한 하나님 앞에서의 깨어진 마음을 담고 있을 것입니다. 이처럼 미사여구를 사용하고 청산유수처럼 내뱉는 기도가 무조건 좋은 기도가 아니라는 점에는 모두가 동의하실 것입니다.

　사실 저는 페이스북 친구 중에 기도를 양으로만 말하는 것에 대해 반대 의견과 부정적 사고를 가진 분의 글을 보고 폐친 관계를 끊은 적이 있습니다. 기도의 부흥을 소망하고 있는 저로서는 기도에 대한 어떤 부정적 사고도 경계하며, 또 그런 내용에 미혹되거나 에너지를 분산시키고 싶지 않았기 때문입니다.

　기도는 분명 질적인 면이 아주 중요합니다. 그러나 양적인 면을 무시하는 사람은 단언컨대 기도의 참맛을 경험하기가 쉽지 않을 것입니다. 그래서 저는 지금도 기도의 시간적인 양을 강조하며 기도에 3시간이라는 임계점이 존재한다는 것을 가르치고 있습니다.

9. 기도는 세계를 변화시킨다!

　몇 년 전 작사한 곡인 '오순절의 부흥'을 다시 들으며 20대 청년 시절 선교의 비전을 갖고 무턱대고 기도했던 때가 생각났습니다. 그때는 오지에서 복음을 전하다 목숨을 내어 놓을 순교도 각오하며 기도했습니다. '여호와의 소리 선교회' 사역을 위해 장기간 금식하며 기도한 적도 있었습니다. 그때 붙들었던 슬로건이 "기도는 세계를 변화시킨다!"입니다. 그때는 그 의미가 무엇인지 잘 모른 채 단순히 중보기도를 뜻하는 정도로만 인식했습니다.

　그러다 2018년 필리핀 선교지인 '뚜게가라오 솔라나'를 방문하는 과정에서 그것이 무엇을 의미하는지 깨닫게 되었습니다. 이때 사상 초유의 비행기 결항으로 필리핀 왕복티켓이 생겨 필리핀 선교사님들과 현지 교회를 대상으로 사역을 하게 되었고, 계속해서 상하이 한인교회 부흥회 등의 사역이 연결되는 것을 보면서 "아! 이렇게 기도 세미나를 통해서도 세계를 변화시키는 사역을 할 수 있겠구나!"라는 생각을 하게 되었습니다. 기도는 온 세상을 변화시킬 부흥의 통로가 되는 것입니다.

　'임계점 3시간 기도의 법칙'은 세계선교를 위해 주신 주님의 선물입니다! 그래서 이 임계점 기도 사역을 전방위 세계선교를 하는 데 드리기로 결심한 것입니다.

10. '임계점 3시간 기도의 법칙' 세미나의 목적

『임계점 3시간 기도의 법칙』 책 출판에 대한 문의 전화를 받던 중에 어떤 목회자에게 격려 문자를 받았습니다.

"사실 무릎으로 목회하는 것이 당연한데 지금은 목회자의 기도무릎을 보는 것이 희귀한 시대입니다. 무릎으로 목회하시는 목사님이 계시다는 것이 한국교회의 희망입니다."

저도 답문을 보냈습니다.

"그렇습니다! 임계점 기도는 이기는 기도, 지키는 목회, 성령의 역동적 사역을 위해 주신 주님의 선물이지요. 모두들 임파테이션(impartation) 중독으로 쉽게 목회하려 하고 주의 음성 듣기가 희귀한 이때에 귀한 문자가 소망이 되고 격려가 됩니다."

새벽마다 하나님께서 이 시대에 기도의 회복이 필요하며 그것이 주님이 기뻐하시는 일이라고 말씀하시는 것을 듣고 용기를 냅니다. 하나님은 기도의 사람을 보내주시겠다고, 두려워 말고 담대하라고 말씀하십니다.

저는 세미나에서 줄곧 기도의 즐거움에 대해 피력합니다. "기도는 부담이 아니라 너무도 기대되고 설레는 시간이다!" 주님께서 이런 마음을 세미나에 모인 분들에게 동일하게 주시리라 믿고 계속해서 저의 세미나를 열어가고 있습니다.

저는 개척교회 목사이며, 그것도 지하상가 교회에서 개척을 시작한 목사입니다. 그러나 이 모든 사역은 주님께서 주신 사명이 있어 시작한 일이기에, 주님 다시 오시는 그날까지 순종하며 감당할 것입니다.

II. 이기는 기도,
지키는 목회, 역동적인 사역

    임계점 기도를 지속적으로 드리면서 나타난 가장 큰 변화가 있다면 이 기도를 통해 나의 삶과 가정과 교회를 지켜나간다는 것입니다. 사건과 사고와 수많은 문제를 사전에 막아내는 권세를 '임계점 3시간 기도'를 통해 경험하기 때문입니다. 이것이 신비요 능력이기에 이 비밀스러운 병기를 다른 이들과 나누려는 것입니다.

    또한 여기에서 그치는 것이 아니라 역동적 삶과 사역이 이어진다는 것에 놀라움을 느끼고 있습니다. 그러기에 임계점 기도는 어떤 의미에서는 악순환에서 선순환으로 바뀌는 과정이라고 볼 수 있습니다. 임계점 기도가 한 번의 경험적 기도로 습관화되면 하나님의 임재와 기적의 문이 열리게 되는 것입니다.

12. 부흥의 기름을 부으소서

　영국의 웨일즈 부흥도, 1907년 평양의 부흥도, 1980년 이후 한국 땅의 부흥도 시간이 지남에 따라 그 부흥의 불이 꺼지고 말았습니다. 그러나 아르헨티나, 브라질 등 남미에서 영적 부흥의 불길은 계속해서 타오르고 있습니다. 특히 365일 동안 매일 예배와 기도가 이어지고 있는 전 세계에서 가장 큰 교회인 브라질의 하나님의사랑교회(오순절교단)는 100만 명의 성도가 출석하고 있으며, 매일 살아 계신 하나님을 만나려는 갈급한 영혼들로 차고 넘칩니다. 30년의 세월이 지난 지금도 그 부흥은 계속되고 있습니다. 그 영적 부흥이 지속되는 가장 중요한 비결은 중보기도와 영적 전쟁, 바로 대적기도에 있다고 합니다.

　우리는 원수를 영적으로 제압하고 이기는 대적기도가 부흥의 불길을 계속해서 타오르게 함을 믿어야 합니다. 물론 부흥의 주권자는 하나님이시지만 부흥운동이 지속되는 것을 방해하고 멈추게 만드는 것은 사탄임을 인지해야 합니다. 이기는 대적기도는 견고한 진을 파하고 사탄의 계략을 무력화시키며 원수를 묶는 것입니다.

13. 임계점 기도로
하늘의 문을 여는 자들

　기도는 성도의 전부가 되어야 합니다. 기도로 하늘의 문이 열리기 때문입니다. 땅에서 묶고 푸는 권세가 기도에 있는 것입니다. '기도로 하늘의 문을 열도록 이 땅에 세워진 자', 이것이 우리의 권세요, 자격이요, 능력입니다. 기독교 역사 가운데 극히 적은 수의 사람만이 이 기도의 신비를 체험하고 온전히 기도에 헌신된 삶을 살았습니다.
　복잡한 것은 경계해야 합니다. 진리는 단순명료하다는 의미입니다. 그래서 신앙의 경륜이 쌓여 기도하면 할수록 삶이 단순해지는지도 모릅니다. 반면 자신의 생각과 뜻 때문에 고민하고 오만 가지 생각을 하루에도 수없이 짜내며 시간을 낭비하는 무지렁이의 삶도 있습니다. 그리고 사실 이것이 우리 대부분의 현실이기도 합니다.
　그런데 기도로 임계점을 돌파하면 자신을 묶고 있는 모든 것이 파쇄되는 것을 경험하게 되니 신비인 것입니다! 그래서 이기는 기도로 하늘의 문을 열어야 합니다. 승리의 전리품을 가득 챙겨 개선문을 통과하는 군사들처럼 말입니다.
　저는 오늘도 "내 백성을 풀어놓으라"는 기도를 담대하게 선포합니다. 그러면서 교회가 성도로 가득 차고 하나님의 부흥이 이 땅 가운데 임함을 제 영이 보게 됩니다.

14. 불투명한 미래를
열심으로 이겨라!

어느 날 어떤 꿈을 꾼 후 개척해야겠다는 소명을 갖게 되었으니, 저의 교회 개척은 순전히 하나님이 보여주신 영적 꿈에서 시작되었습니다. 그러고 보니 개척의 동기가 예사롭진 않았던 것 같습니다. 그러나 당장 개척을 시작하려니 부교역자의 자리에서 누리는 안정감을 떨쳐버리는 일도, 벌써 다섯이나 된 부양가족에 대한 책임감을 내려놓기도 쉽지 않았습니다. 그 모든 것이 마음의 부담이 될 법도 한데 믿음의 생각은 돌진이었으니, 지금 생각해보면 믿고 따라준 아내가 그저 고마울 따름입니다.

처음에는 개척했다 안 되면 다시 부교역자로 돌아간다는 생각을 막연히 하기도 했습니다. 그러다 〈명량해전〉이라는 영화를 보면서 문득 '나도 돌아갈 곳이 없어야 죽을 각오로 감당하겠구나' 하는 생각이 들었습니다. 그래서 결자해지의 마음으로 제 자신을 다잡았습니다.

개척을 하고 이제 어언 3년이 되어가는 즈음, 개척이 쉬운 일은 아니었지만 바른 방향을 선택해서 후회 없는 지난날을 돌아보게 됩니다. 아직도 미래는 불투명하지만 매일매일 최고의 작품을 만들기 위해 열심을 내어 달려갈 뿐입니다.

15. 기도는 축제다

　임계점 기도를 하면 할수록 느끼는 것은 '기도는 축제다!'라는 것입니다.
　과거 가톨릭교회의 부패에 염증을 느껴 수도원 운동을 일으킨 수도사들은 그 기도 방법이 매우 다양했는데, 대부분 고통을 참고 이겨내는 수련으로 이어지는 기도였다고 합니다.
　우리 주님도 마지막으로 겟세마네 동산에서 기도하실 때 땀이 핏방울처럼 떨어지도록 고통스럽게 절규하셨습니다. 그러나 한편으론 예수님께서 "하늘에 계신 우리 아버지께" 기도하라고 가르쳐주셨기에 기도 시간은 피조물이 창조주를 만나는 축제의 시간이 되기도 하는 것입니다.
　이제는 기도의 새로운 패러다임이 필요한 때라고 생각합니다. 기도는 신부가 신랑을 만나는 축제의 시간입니다. 그러기에 행복하고 기대되고 즐거운 것입니다. 저는 임계점 기도 세미나를 통해 이처럼 기도는 축제라는 사실을 나누고 싶습니다.
　기도는 힘들고 고통스러운 것이라는 고정관념은 기도 시간을 풍성하게 만들 수 없고, 기도를 통해 우리와의 만남을 원하시는 하나님의 마음과도 거리가 멉니다.
　이제는 기도라는 축제의 팡파르를 불어야 할 때입니다. '기도는 축제다'라는 새로운 관점이 한국교회에 자리 잡기를 바랍니다.

16. 임계점 기도 세미나를 통해
우간다에 우물을 판다!

    임계점 기도는 정말 극적으로 만들어진 놀라운 비밀입니다.
    기독교 이천 년 역사 가운데 소수의 영적 거장들만이 경험한 3시간의 임계점 기도는 그동안 비밀스럽게 감춰져 있었습니다. 사탄이 이것을 가려서 우리로 깨닫지 못하게 했습니다. 그러나 이제 기도에 대해 시원한 가이드를 제시하는 임계점 기도가 세상에 새삼 알려지게 되었습니다. "거저 받았으니 거저 주라."
    어느 날 주님께서 이런 말씀을 기도 말미에 주셨습니다. 그리고 임계점 기도 세미나는 우간다에 우물을 파주기 위한 캠페인 차원에서 시작된 하나님의 프로젝트입니다. 언제 끝날지는 모르지만 하나님께 전적 주도권이 있음을 믿기에 그냥 묵묵히 순종하는 것입니다.
    우간다에는 우물을 파는 기계가 없다고 합니다. 그래서 3~4개월 기껏 열심히 삽으로 땅을 팠는데 반석이 나오면 그대로 포기하고 다시 파야 하는 등 시간적·물질적 여러 악조건에 처해 있습니다. 그런데 기계가 우간다로 공수되면 3~4일이면 우물 하나를 팔 수 있다니 놀라운 일이 아닐 수 없습니다.
    개척 초기 교회 입구 계단 벽에 한 아프리카 아이가 양동이의 물 한 방울을 받아먹는 사진을 붙여두었는데, 이것이 이러한 사역을 예견했던 일인지 전혀 알지 못했습니다. 이제 우리는 우간다로 우물 파는 기계를 보내려고 합니다. 이것이 임계점 기도 전국 세미나를 열게 된 극적인 저의 동기입니다.

17. 임계점 기도는 하나님의 선물

　교회를 개척하면서 하나님께서는 저에게 3년간 열심히 '성심성의'를 다하면 큰 선물을 주시겠다고 말씀하셨습니다. 저는 그것이 무엇인지 무척 궁금했습니다.
　교회 개척 3년 동안 많은 어려움을 헤쳐 나오면서 저는 제가 임계점을 지나온 것을 알게 되었습니다. 사람은 어려움을 겪으면서 새로운 환경과 변화를 받아들일 때 지능이 성장한다는 뇌 과학계의 보고도 있지만, 지금의 저는 과거에 비해 많은 부분이 발전되고 향상되었다는 느낌이 듭니다. 분명 무언가 저에게 변화가 있었고, 그 변화에 적극적인 대응을 했기 때문일 것입니다. 임계점 기도는 바로 이러한 과정에서 주신 하나님의 선물입니다.

18. 필리핀 뚜게가라오(까가얀)에
세워질 국제학교

2018년에 교회 성도들과 필리핀 선교 비전을 공유하고, 첫 발걸음으로 국제학교의 인·허가와 심볼을 준비하게 되었습니다. 3년간 이루어질 놀라운 기적을 기대하며 그곳 다이나믹솔라나교회의 성도들과 5개 부족 7천 명의 영혼을 위해 교회와 함께 계속해서 중보기도를 드리고 있습니다.

교회 개척 초기부터 4년째쯤 성도들과 함께 선교할 수 있는, 접근이 용이한 곳을 주시면 헌신하겠다고 기도하고 있었습니다. 그러던 중 2018년에 부교역자를 통해 필리핀 뚜게가라오 박정배 선교사님을 소개받고 필리핀을 방문했습니다. 그런데 변함없이 숙소에서 임계점 기도를 드리던 중에 주님께서 필리핀 선교의 마음을 주셨고, 즉시 순종하게 되었습니다. 내 뜻, 내 꿈이 아니라 주님의 마음을 보았던 것입니다!

"종아, 네가 이곳을 위해 애써주지 않겠니?"

"주님, 주님이 하라시니 제가 하겠습니다. 힘 주십시오."

10년간의 사역으로 세워진 선교현장은 많이 열악했고, 사역자도 힘이 많이 소진된 상태였습니다. 이후 누구 하나 찾으려 하지 않는 그곳에 벌써 네 번이나 다녀왔고, 필리핀 다이나믹선교협회의 대표이사로 3년을 섬기기로 하고 기도하며 나아가고 있습니다. 앞으로 또 어떤 기적의 선물을 주실지 기대하면서 오늘도 임계점 기도로 주님 앞에 머뭅니다.

"주님, 주의 일을 속히 부흥케 하소서!"

앞으로 뚜게가라오(까가얀) 솔라나에 국제학교, 중·고등학교, 유치원, 선교센터, 교회들이 지어질 것을 믿음으로 바라봅니다.

19. 햇불을 들라!

우리 시대에 진정 깨어 있는 영성은 무엇을 말합니까?

저는 햇불 사진을 참 좋아합니다. 햇불을 생각하면 늘 마음이 불붙는 것 같습니다. 그래서 크게 확대해 집에 걸어두기도 했습니다. 아마도 저로 인해, 제 자신부터 불타오르기를 사모하는 마음이 강하기 때문인 것 같습니다.

이제 '성심성의'라는 개척 초기에 주셨던 주님의 말씀을 다시 붙잡고 초심으로 돌아가 열심을 내고 있습니다. 솔직히 지금의 저는 반은 미친 것 같습니다. '불광불급'(不狂不及)이라고 했는데 제가 미치니 다른 사람도 미치게 할 수 있을 것 같습니다.

이제 저는 햇불을 들고 서 있습니다. 이 불이 대한민국과 열방을 뜨겁게 불태울 수 있기를 간절히 소망합니다. 비록 아직은 미미한 불일지라도….

에필로그

어느 날, 예배를 드리고 있는데 갑자기 "내가 너를 통하여 나의 교회를 세우리라!"라는 상상치도 못한 메시지가 머릿속으로 지나갔습니다. 이때 급하게 메모지에 받아 적었던 내용이 아래 찬양의 가사가 되었습니다.

너를 교회라 부르리라

아들을 내어 주신 하나님의 사랑
잃어버린 영혼을 향한 하나님 마음
내 안에 거하시는 성령의 전
우리를 거룩하신 성전 삼으신 하나님의 부르심

우리를 부르신 부르심의 목적
너를 교회라 부르리라
어둠을 이기고 세상 소망 되는

너를 교회라 부르리라
너를 교회라 부르리라

예수님을 머리로 하나 되는 우리
우린 오랜 하나님의 꿈 하나님 지혜
우리를 부르신 부르심의 목적
너를 교회라 부르리라

주님의 영광을 찬송하게 하신
예수를 믿는 믿음 그 위에 내 교회를 세우리라
내가 너를 통하여 나의 교회를 세우리라

교회를 세우시고 이 땅을 고쳐 주시옵소서
주님 나라 임하시고 주의 뜻 이뤄지이다

너를 교회라
부르리라

'너를 교회라 부르리라'는 박종기 목사의 찬양사역팀인 '홀리 샤워'(Holy shower)에서 발표한 디지털 싱글 2집에 있는 곡입니다.

이제, 이 책을 든 독자의 손을 통해 교회는 세워질 것입니다.

서평

이 책은 임계점 영성을 일곱 가지 무지개 색상처럼 교회의 일곱 가지 기둥으로 단순하게 시연해주는 '소리그림'(soundgram, 현장의 기도하는 모습으로, 그림의 뿌리는 보이지 않는 영의 바람, 즉 강한 소리이기 때문이다)이다.

특히 여섯 번째의 연속성(골방 공간)과 일곱 번째의 지속성(저변 현장시간)의 기둥을 강조한 점은 매우 귀중한 깨달음이다. 그리고 이 '임계점 3시간의 기도'는 주와 동행하며 주의 품에 안기는 그날까지 현재진행형이라는 가르침도 중요하다.

저자 박종기 목사님은 이 책을 통해 고체와 액체, 기체로 변화되는 물(H_2O)의 비등점처럼, 그리스도 안에서 성령충만한 기도가 돌파해야 할 임계점의 구체적인 밑그림을 보여준다.

특히 이 책은 단음절의 방언기도(사 28:11-12)를 적극적으로 강조하면서 성령충만한 기도가 갖는 돌파력의 실제를 체험하게 하는 매우 단순하지만 탁월한 책이다.

저자는 양 무리를 푸른 초장으로 인도하는 무장된 목자는 다니엘의 기도처럼 매일 지성(1시간, 뜰의 극기 기도)과 가슴의 영성(2시간, 성소에서 심령 성전을 지키는 기도), 몸의 덕성(3시간, 지성소에서 일상의 기적이 되는 기도)이라는 삼각형의 조화와 균형을 연속하고 지속하기 위해 항상 깨어 있어야 함을 경고한다(시 141:2; 골 4:2).

　성령의 조명하심 가운데 『임계점 3시간 기도의 법칙』이라는 귀한 책을 쓰신 박종기 목사님의 문서선교 사역을 다시 한번 응원하고, 우리에게 새 힘을 전해주는 신령한 책을 선물로 주신 주님께 감사하면서 오직 하나님께 영광을 돌린다.

"봄이 겨울을,
지혜가 지식을,
정직 진실 거짓을
생명 하얀 숨쉼 결(潔)
사망의 검은 그림자를 능히 이긴다."

최성대 목사, 시인
달라스신학교(S.T.M.), 리폼드신학교(M.Din.), 총신대학교, 합동신대원 졸업

미주

1) 팀 켈러, 『팀 켈러의 기도』, 최종훈 역(서울: 두란노서원, 2015), p.65, 67.
2) 조용기, 『4차원의 영성』(서울: 교회성장연구소, 2004), p.73.
3) M. R. 디한, 『성막』, 조무길 역(서울: 생명의말씀사, 2013), p.76.
4) 조용기, 『4차원의 영성(수정증보판)』(서울: 교회성장연구소, 2010), p.99.
5) 박윤식, 『성막과 언약궤』(서울: 휘선, 2013), p.396.
6) 같은 책, p.399.
7) 같은 책, pp.460-461.
8) 김경섭, 『파워리더 여호수아』(서울: 도서출판 프리셉트, 2002), p.94.
9) 김동수, 『신약이 말하는 방언』(서울: 킹덤북스, 2009), p.50.
10) 김동수, 『방언은 고귀한 하늘의 언어』(서울: 이레서원, 2008), pp.49-50.
11) 팀 켈러, 『팀 켈러의 기도』, pp.72-74.
12) 같은 책, p.75.
13) 임금선, 『루터의 기도』(서울: 아이러브처치, 2008), p.24.
14) E. M. 바운즈, 『기도는 강하다』, 전의우 역(서울: 두란노, 2009), p.24.
15) 박윤식, 『맹세언약의 영원한 대제사장』(서울: 휘선, 2013), p.391.
16) 이규현, 『가장 위대한 일 기도』(서울: 두란노서원, 2016), pp.89-90.
17) E. M. 바운즈, 『어떻게 기도 응답을 받을 수 있을까?』, 임종원 역(서울: 브니엘, 2016), p.8.
18) 같은 책, p.17.
19) 이덕주, 『한국교회 처음 이야기』(서울: 홍성사, 2006), pp.185-187.
20) 조태현, 권민, 『새벽나라에 사는 거인』(서울: 패션인사이트, 2001), p.44.
21) 같은 책, p.63.
22) 이철규, 『이스라엘 성지순례 가이드북』(서울: 보리별, 2018), pp.222-226.
23) 빌 브라이트, 『죽음을 초월한 위대한 신앙인 빌 브라이트』, 이명숙 역(서울: 미션월드, 2005), p.146.
24) 같은 책, pp.146-147.
25) 조용기, 『어떻게 기도할 것인가?』(서울: 생명의말씀사, 1996), p.99.

임계점 3시간 기도의 법칙

1판 1쇄 인쇄 _ 2024년 1월 5일
1판 1쇄 발행 _ 2024년 1월 10일

지은이 _ 박종기
펴낸이 _ 이형규
펴낸곳 _ 쿰란출판사

주소 _ 서울특별시 종로구 이화장길 6
편집부 _ 745-1007, 745-1301~2, 743-1300
영업부 _ 747-1004, FAX 745-8490
본사평생전화번호 _ 0502-756-1004
홈페이지 _ http://www.qumran.co.kr
E-mail _ qrbooks@daum.net / qrbooks@gmail.com
한글인터넷주소 _ 쿰란, 쿰란출판사
페이스북 _ www.facebook.com/qumranpeople
인스타그램 _ www.instagram.com/qrbooks
등록 _ 제1-670호(1988.2.27)
책임교열 _ 신영미 · 이강임

ⓒ 박종기 2024   ISBN 979-11-6143-895-5   03230

책값은 뒤표지에 있습니다.
이 출판물은 저작권법에 의해 보호를 받는 저작물이므로 무단 복제할 수 없습니다.
파본(破本)은 구입처에서 교환해 드립니다.